1. Auflage 2026

Druck und Distribution im Auftrag der Autorin:
tredition GmbH, Heinz-Beusen-Stieg 5, 22926 Ahrensburg, Deutschland

Kontaktadresse nach EU-Produktsicherheitsverordnung:
servus@herzstuben.de

ISBN: 978-3-384-95185-4

Sandra Maria Müller

Wie finde ich eine passende Mietwohnung?

**Insiderwissen vom Vermieter –
so überzeugst du Vermieter und bekommst
endlich die Zusage für deine Traumwohnung**

Wichtiger Hinweis (Haftungsausschluss)

Dieses Buch wurde mit größter Sorgfalt erstellt und gründlich recherchiert. Es gibt die persönlichen Erfahrungen der Autorin sowie allgemeine Informationen rund um die Wohnungssuche wider und ist nach bestem Wissen auf dem Stand von August 2026.

Die rechtlichen Erläuterungen in diesem Buch dienen nur der ersten Orientierung und ersetzen keine individuelle Rechts- oder Steuerberatung. Gesetze, Gerichtsurteile, Einkommensgrenzen, Behördenregeln und Preise können sich ändern und unterscheiden sich teilweise je nach Bundesland oder Kommune. Für die Richtigkeit, Vollständigkeit und Aktualität wird keine Haftung übernommen. Im Zweifel wende dich bitte an die zuständige Behörde, einen Mieterverein oder einen Anwalt.

Inhaltsverzeichnis

Worum geht's in diesem Buch?

Du bist auf der Suche nach einer Mietwohnung und hattest bisher einfach keinen Erfolg? Du findest zwar immer wieder Wohnungen, die dir gefallen würden, wirst aber gar nicht erst zur Besichtigung eingeladen – und bekommst so überhaupt keine Chance, dich persönlich vorzustellen und um die Wohnung zu bewerben?

Oder du kennst die folgende Situation: Endlich hast du es geschafft, zu einem Besichtigungstermin eingeladen zu werden. Die Wohnung gefällt dir richtig gut, außerdem wird langsam die Zeit knapp, denn du brauchst dringend ein neues Zuhause. Jetzt kommt es darauf an. Nach einer aus deiner Sicht guten Besichtigung fährst du mit einem positiven Gefühl nach Hause – nur um dort später die Nachricht zu bekommen, dass es leider nicht geklappt hat. Angeblich war mal wieder ein anderer Bewerber „besser".

Wie schaffst du es, beim Vermieter einen so guten Eindruck zu hinterlassen, dass du endlich die Zusage für die dringend benötigte Wohnung bekommst?

Genau dabei hilft dir dieses Buch. Ich habe hier all meine Tipps gesammelt, die dir bei der Wohnungssuche wirklich weiterhelfen – von der allerersten Überlegung, was du eigentlich suchst, über das perfekte Anschreiben und den Besichtigungstermin bis hin zu den Dingen, die nach der Zusage wichtig werden, etwa den verschiedenen Arten von Mietverträgen, der Kaution und den Nebenkosten. Mein Ziel ist es, dass du am Ende genau weißt, worauf es ankommt, und dass du deine Chancen auf deine neue Wohnung deutlich erhöhst.

Vielleicht fragst du dich, warum das alles heute so viel schwieriger ist als noch vor ein paar Jahren. Die Antwort ist einfach: In vielen Städten kommen auf eine einzige freie Wohnung Dutzende, manchmal über hundert Bewerber. Der Vermieter kann sich also aussuchen, wem er zusagt – und genau deshalb entscheidet nicht nur, ob du dir die Wohnung leisten kannst, sondern auch, wie du dich präsentierst. Die gute Nachricht: Genau das hast du selbst in der Hand. Du kannst nichts an der Zahl deiner Mitbewerber ändern, aber sehr viel daran, wie du auf den Vermieter wirkst. Und darum geht es in diesem Buch.

Noch ein Wort vorweg: Lass dich von Absagen nicht entmutigen. Eine Absage bedeutet nicht, dass mit dir etwas nicht stimmt – sie bedeutet meistens nur, dass die Konkurrenz groß war. Wer dranbleibt und die folgenden Tipps beherzigt, bekommt früher oder später seine Zusage. Versprochen.

So liest du dieses Buch am besten

Du musst das Buch nicht von vorne bis hinten am Stück lesen. Lies die Kapitel in der Reihenfolge, in der sie für dich gerade dran sind – wer noch ganz am Anfang steht, beginnt vorne; wer schon eine Zusage hat, springt direkt zum Mietvertrag oder zur Kaution.

Am Ende des Buches findest du Checklisten zum Abhaken und ein Verzeichnis mit Erklärungen der wichtigsten Fachbegriffe und Abkürzungen. So kannst du jedes Thema schnell nachschlagen.

Über mich

Zunächst ein paar Worte zu mir – und dazu, warum ich glaube, dir bei der Wohnungssuche wirklich nützliche Tipps geben zu können.

Ich heiße **Sandra Maria Müller** und komme aus einem kleinen Dorf im Allgäu. Bis zum Abitur habe ich zu Hause bei meinen Eltern gewohnt. Als ich etwa neun Jahre alt war, haben meine Eltern ein Haus gebaut. Besonders spannend fand ich beim Umzug die Frage, wer bei der Vermietung des alten Hauses wohl in mein ehemaliges Zimmer einziehen würde.

Zum neuen Haus meiner Eltern gehört auch eine Einliegerwohnung, die vermietet ist. So habe ich schon früh mitbekommen, wie Vermieten eigentlich funktioniert. Vor allem die Neuvermietungen fand ich immer aufregend – etwa, wenn sich meine Eltern zwischen vielen Bewerbern entscheiden mussten.

Für mich selbst wurde die Wohnungssuche nach dem Abitur plötzlich ernst. Ich habe ein duales Studium an der DHBW Mannheim begonnen und suchte eine Wohnung im 300 Kilometer entfernten Mannheim. Weil ich die Zusage für das Studium recht spät bekommen hatte und zu dem Zeitpunkt noch im Ausland war, stand ich ganz schön unter Zeitdruck – und das ausgerechnet in einer Studentenstadt, in der der Wohnungsmarkt ohnehin angespannt ist. Eine Wohnung fand ich zwar schnell, war damit aber nicht wirklich glücklich – und so blieb das Thema für mich spannend.

Während des Studiums merkte ich, dass ich in Mannheim nicht ganz heimisch werde und das Allgäu mit der Nähe zu den Bergen vermisse. Mir war klar, dass ich auf lange Sicht zurückwill. Also begann ich, mich nach einer Wohnung im Allgäu umzuschauen. Mein Plan: erst eine Wohnung kaufen, sie zunächst vermieten und später selbst einziehen.

Den meisten Menschen gefällt es im Allgäu, aber zum Wohnen brauchen viele etwas mehr, als die kleinen Dörfer mit ihrem einzigen Dorfladen bieten können. Deshalb ist unsere einzige große Stadt Kempten mit inzwischen rund 70.000 Einwohnern sehr beliebt. So entschied auch ich mich für Kempten. Die Suche lief überraschend gut: Ich bekam gleich für zwei sehr schöne Wohnungen eine Zusage. Weil ich mich nicht entscheiden konnte, habe ich kurzerhand beide gekauft und – ich war ja noch in Mannheim – beide vermietet. So konnte ich meine ersten eigenen Erfahrungen als Vermieterin sammeln.

Nach dem Studium zog es mich dann doch nicht direkt in die Heimat. Stattdessen habe ich in Nürnberg gearbeitet und auch dort eine Mietwohnung für mich gesucht, was ebenfalls nicht ganz einfach war. Weil ich selbst schon vermietet hatte, konnte ich mich aber gut in die Lage der Vermieter hineinversetzen. Ich habe nur ein paar Vermieter angeschrieben und gleich für die erste besichtigte Wohnung, die mir auch gefiel, eine Zusage erhalten.

Da ich gesehen habe, wie stark die Nachfrage in Kempten steigt – vor allem durch die wachsende Zahl der Studierenden an der der Hochschule – habe ich mich an weiteren Wohnungen in Kempten beteiligt und mich um deren Vermietung gekümmert.

Weil ich damals nur an den Wochenenden in der Heimat war, wollte ich nicht das ganze Wochenende mit Besichtigungen verbringen und auch keine Sammeltermine machen. Also musste ich schon anhand des Anschreibens der Interessenten eine erste Vorauswahl treffen und überlegen, wen ich überhaupt zur Besichtigung einlade. Genau hier liegt einer der Schlüssel, um den es in diesem Buch geht.

Inzwischen bin ich wieder vor Ort. Erst vor kurzem hatte ich zwei Wohnungen inseriert und je Wohnung innerhalb von 24 Stunden über 100 Anfragen bekommen. Das geht zurzeit nicht nur mir so, sondern auch vielen anderen Vermietern. Und das alles in Kempten, das im Vergleich zu anderen deutschen Städten ja fast ein Dorf ist. Wie muss es da erst den Vermietern in den großen Städten gehen?

Ich musste mir also überlegen, wie ich mit dieser Flut an Anfragen umgehe. Ein einziger Sammeltermin mit allen Interessenten? Selbst wenn nur die Hälfte käme, also 50 Leute, wäre das viel zu viel, um wirklich mit jedem ins Gespräch zu kommen. Und Einzeltermine im Zehn-Minuten-Takt? Für 100 Interessenten wären das rund 16,5 Stunden – nur um danach 99 von ihnen absagen zu müssen, weil ich die Wohnung nun einmal nur an eine Person vergeben kann.

Ich hoffe, spätestens an dieser Rechnung wird verständlich, warum ich von vornherein nur einen Teil der Interessenten zur Besichtigung einlade. Und für diese Vorauswahl habe ich oft nur eines: das Anschreiben, das ich auf mein Inserat bekomme. Genau deshalb sind diese paar Zeilen für mich als Vermieterin viel wichtiger, als manche Interessenten ahnen.

In all den Jahren habe ich Hunderte Anschreiben gelesen, unzählige Besichtigungen gemacht und dabei eines immer wieder festgestellt: Es sind selten die Bewerber mit dem höchsten Einkommen, die mich überzeugen, sondern die, die freundlich, vorbereitet und ehrlich auftreten. Genau das kann jeder – unabhängig vom Geldbeutel. Mir tat es oft leid, sympathischen Interessenten absagen zu müssen, die sich einfach nur ungeschickt präsentiert hatten. Dieses Buch ist gewissermaßen die Anleitung, die ich ihnen gern in die Hand gedrückt hätte.

Heute, nach über zehn Jahren rund um Vermietung und Immobilien, kenne ich beide Seiten genau – die der Suchenden und die der Vermieter. Ich vermiete bis heute mehrere eigene Wohnungen und bin inzwischen zudem als Immobilienmaklerin tätig. Dadurch weiß ich aus erster Hand, worauf es bei der Auswahl eines Mieters wirklich ankommt. Dieses Wissen stammt nicht aus dem Internet oder von künstlicher Intelligenz, sondern aus echter, jahrelanger Praxis – und genau das gebe ich in diesem Buch an dich weiter.

Anhand meiner eigenen Kriterien zeige ich dir, wie du dein Anschreiben so attraktiv wie möglich gestaltest – damit du öfter zu Besichtigungen eingeladen wirst. Und bist du erst einmal eingeladen, gibt es auch dort einiges zu beachten. Ich achte beim Termin immer auf ganz bestimmte Dinge. Wer sie „richtig“ macht, hat gute Chancen auf die Wohnung. Welche das sind, erkläre ich dir in diesem Ratgeber Schritt für Schritt.

Ein paar Hinweise vorab:

Bevor es richtig losgeht, möchte ich dir ein paar Dinge mit auf den Weg geben, damit du die Tipps in diesem Buch richtig einordnen kannst:

- Es ist meine persönliche Sichtweise. Ich habe als Vermieterin viel Erfahrung gesammelt. Die Lage der Vermieter ähnelt sich zwar grundsätzlich, doch jeder Mensch tickt etwas anders. Es kann also sein, dass der Vermieter deiner Traumwohnung andere Auswahlkriterien hat als ich. Trotzdem bin ich überzeugt: Diese Tipps helfen dir, einen guten Eindruck zu hinterlassen und deine Chancen spürbar zu erhöhen.
- Mit „Vermieter" meine ich alle, die entscheiden. Weil ich aus meiner persönlichen Sicht erzähle, spreche ich immer vom „Vermieter". Gemeint sein kann damit aber genauso ein Makler oder eine Hausverwaltung, die mit der Neuvermietung beauftragt sind, der aktuelle Mieter, der einen Nachmieter sucht, oder ein Mitarbeiter einer Firma, die Eigentümer der Wohnung ist.
- Das Buch passt für jede Lebenslage. Egal, ob du eine WG gründen willst, als Single, Paar, Familie, Student oder alleinerziehend suchst – die Tipps lassen sich auf jede Situation übertragen.

- Wohnung oder Haus – beides ist gemeint. Auch wenn ich der Einfachheit halber meist von der „Wohnung“ spreche: Genauso kann es um ein gemietetes Einfamilienhaus, eine Doppelhaushälfte oder ein Reihenhaus gehen. Beim Mieten eines Hauses gibt es ein paar Besonderheiten – vor allem bei den Nebenkosten. Diesem Thema habe ich ein eigenes Kapitel gewidmet.
- Es geht um Mietobjekte. Suchst du dagegen eine Eigentumswohnung oder ein Haus zum Kaufen und Selbstnutzen, gibt es noch deutlich mehr zu beachten, als dieses Buch abdeckt.
- Auch Vermieter können mitlesen und erfahren, welche Strategie zur Auswahl eines neuen Mieters angewendet werden kann.
- Checklisten im Anhang: Am Ende findest du Zusammenfassungen und Checklisten, die dir helfen, die Tipps Schritt für Schritt umzusetzen.

Noch ein Hinweis zur Sprache: Gemeint sind selbstverständlich immer alle Geschlechter. Nur der besseren Lesbarkeit halber verwende ich überwiegend eine Form.

Und weil ich dich gerne persönlich ansprechen möchte und das aus dem Allgäu so gewohnt bin, duze ich dich in diesem Buch durchgehend.

Sicht des Vermieters: Was einen guten Mieter ausmacht

Bevor wir mit der eigentlichen Suche loslegen, lohnt sich ein Perspektivwechsel. Deine Chancen steigen enorm, wenn du verstehst, wie der Vermieter denkt und was er sich von einem Mieter wünscht – dieses Verständnis hilft dir bei jedem Schritt, vom Anschreiben bis zur Besichtigung.

Zunächst solltest du wissen: Es gibt ganz unterschiedliche Vermieter. Auf der einen Seite stehen Firmen und große Wohnungsgesellschaften, die eher nach festen Kriterien auswählen. Auf der anderen Seite stehen Privatpersonen – und bei ihnen sind meistens viele Emotionen im Spiel. Vielleicht ist es die Wohnung, in der die Eltern des Vermieters gelebt haben – die inzwischen im Altenheim oder verstorben sind – und mit der er viele schöne Familienerinnerungen verbindet. Oder er hat den Großteil seiner Ersparnisse investiert, um diese Wohnung zu kaufen – vielleicht wollte er sie selbst nutzen, lebt nun aber aus beruflichen Gründen woanders. In beiden Fällen fällt es ihm schwer, sein Eigentum einem Fremden zu überlassen, weil er nicht weiß, wie dieser damit umgeht.

Versuche, dich in diese Lage zu versetzen. Stell dir vor, du hättest jahrelang gearbeitet und gespart und den größten

Teil deines Vermögens in eine Wohnung gesteckt – ein großes Investment und eine sehr schwierige Entscheidung. An wen würdest du sie vermieten? Mit diesem Blick verstehst du die oft strenge Auswahl viel besser und weißt genau, wie wichtig es ist, Vertrauen aufzubauen.

Das gilt übrigens auch für den Makler oder die Hausverwaltung: Er möchte dem Vermieter unbedingt einen zuverlässigen Mieter vermitteln. Gibt es später Probleme, fällt das auf ihn zurück – und sein Ruf ist sein wichtigstes Kapital.

Der perfekte Mieter – das wünschen sich Vermieter

Aufgrund der angespannten Lage im Mietmarkt haben Vermieter häufig eine breite Auswahl an Mietinteressenten. Die meisten entscheiden sich dann für einen Mieter, bei dem sie davon ausgehen, dass folgende Kriterien erfüllt werden:

- zahlt die monatliche Miete pünktlich und vollständig.
- bleibt langfristig und sorgt so für ein stabiles Mietverhältnis.
- pflegt ein gutes Verhältnis zum Vermieter – sympathisch, höflich, respektvoll, freundlich und hilfsbereit.
- passt in die Hausgemeinschaft und versteht sich mit den Nachbarn.
- hält sich an die Hausordnung (Ruhezeiten, Mülltrennung und so weiter).

- geht sorgsam mit dem Eigentum um und meldet Schäden, statt sie zu verschweigen.
- kann kleine Dinge selbst erledigen, wie zum Beispiel einen tropfenden Wasserhahn.

Die gute Nachricht: Fast alle diese Eigenschaften haben nichts mit Geld zu tun, sondern mit deinem Auftreten und deiner Einstellung. Genau hier kannst du punkten.

Flexibilität beim Einzugstermin – ein unterschätzter Vorteil

Ein Punkt, der deine Chancen spürbar erhöht, wird oft übersehen: Flexibilität beim Einzugstermin. Vermieter freuen sich, wenn du dich nach ihrem Wunschtermin richten kannst – ein nahtloser Übergang erspart ihnen Leerstand und damit bares Geld. Wer hier flexibel ist, hebt sich von vielen anderen ab.

Kalkuliere diese Flexibilität aber von Anfang an in deine Kosten ein. Es kann sein, dass du für kurze Zeit doppelte Miete zahlst, weil sich die Laufzeiten der alten und neuen Wohnung überschneiden. Das ist oft sogar von Vorteil: Wer sich einen Monat Zeit zum Umziehen nehmen kann, bringt seine Möbel in Ruhe nach und nach in die neue Wohnung und startet dort deutlich entspannter in die neue Wohnsituation.

Du kannst auch deinen aktuellen Vermieter fragen, ob er einer Verkürzung der Kündigungsfrist oder einem Aufhebungsvertrag zu einem früheren Zeitpunkt zustimmt – eventuell unter der Bedingung, dass du ihm einen passenden Nachmieter vorschlägst. So gewinnst du Spielraum für deinen Wunschtermin. Die meisten Vermieter lassen sich darauf ein – vor allem, wenn es sich um ein angenehmes Mietverhältnis handelte und du offen mit deinem Vermieter redest.

Die Suche nach dem passenden Angebot

Die Grundlage für alles Weitere ist, überhaupt erst einmal ein passendes Angebot zu finden. Auch dabei gibt es einiges zu beachten. Stell dir zu Beginn ganz in Ruhe die Frage: Wonach suche ich eigentlich?

Klingt banal, ist aber der wichtigste Schritt überhaupt. Viele Suchende stürzen sich sofort auf jedes Inserat, das halbwegs passt, und merken erst beim Besichtigungstermin – oder schlimmer: erst nach dem Einzug –, was ihnen eigentlich wichtig gewesen wäre. Dann ist der Frust groß: Die Wohnung hat doch keinen Stellplatz, das Arbeitszimmer fehlt, oder die Lage passt nicht zum Arbeitsweg. Das kostet Zeit, Nerven und oft auch Geld.

Deshalb mein dringender Rat: Mach dir die folgenden Punkte klar, bevor du das erste Inserat öffnest. Wer vorher weiß, was er sucht, erkennt das passende Angebot sofort, stellt im Anschreiben die richtigen Dinge heraus und trifft am Ende eine Entscheidung, mit der er auch in zwei Jahren noch glücklich ist. Nimm dir am besten Zettel und Stift – oder die Checkliste am Ende des Buches – und notiere dir deine Antworten.

Wie groß soll die Wohnung sein?

Zuerst geht es um die Größe. Je nachdem, wie viele Personen mit dir einziehen, solltest du überlegen, wie viele Zimmer die Wohnung mindestens haben muss und welche Wohnfläche in Quadratmetern du dir vorstellst.

Dabei geht es nicht nur um die Zahl der Köpfe, sondern vor allem um deinen bzw. euren tatsächlichen Bedarf. Frag dich ehrlich, wie du wohnen und leben möchtest:

- Arbeitest du im Homeoffice? Dann brauchst du vielleicht ein eigenes Arbeitszimmer oder zumindest eine ruhige Ecke mit Platz für Schreibtisch und Technik – ein Zimmer mehr, das sich schnell auszahlt.

- Bekommst du oft Besuch oder Übernachtungsgäste? Ein kleines Gästezimmer oder ein Schlafsofa-Bereich kann sinnvoll sein.
- Hast du ein Hobby, das Platz braucht? Sport, Musik, Nähen, Heimwerken – manches verlangt nach einem eigenen Raum oder zumindest Stauraum.
- Wie viel Stauraum brauchst du? Denk an Keller, Abstellraum oder Einbauschränke. Gerade Familien unterschätzen, wie viel Platz Kindersachen, Saisonkleidung und Vorräte brauchen.
- Planst du Veränderungen? Familienzuwachs, ein Partner, der eventuell zu dir zieht, oder Kinder, die bald ein eigenes Zimmer wollen – wer etwas vorausdenkt, muss nicht so bald wieder umziehen.

Sei dabei aber realistisch: Jedes zusätzliche Zimmer kostet Miete und Nebenkosten. Es geht nicht darum, möglichst groß zu wohnen, sondern genauso, wie es zu deinem Leben passt.

Wichtig zu wissen: Nicht jeder Raum zählt in Inseraten als „Zimmer“. Mitgezählt werden nur Schlaf-, Kinder-, Wohn- und Arbeitszimmer sowie weitere Räume, die man zum Wohnen oder Schlafen nutzen kann. Als halbes Zimmer wird häufig die Küche angegeben – allerdings nur, wenn es sich um eine Wohnküche mit großzügigem Ess- und Wohnbereich handelt. Badezimmer, Gäste-WC, Flur und Abstellräume zählen dagegen nicht als eigenes Zimmer.

Bei der angegebenen Wohnfläche verhält es sich anders: Hier zählen grundsätzlich alle Räume mit, die tatsächlich zur Wohnung gehören – also auch Flur und Abstellraum. Räume außerhalb der Wohnung dürfen dagegen nicht zur Wohnfläche gerechnet werden: etwa ein Keller- oder Dachbodenabteil, ein gemeinschaftlicher Waschkeller oder eine Garage beziehungsweise ein Stellplatz, selbst wenn sie Teil des Mietvertrags sind. Zusätzlich gibt es ein paar Sonderregeln:

- Balkon, Loggia und Dachterrasse werden in der Regel mit 25 Prozent ihrer Fläche angerechnet, bei besonders hochwertiger Gestaltung (zum Beispiel mit Überdachung) im Einzelfall bis zu 50 Prozent.
- Die Fläche eines Wintergartens zählt üblicherweise zur Hälfte; ist der Wintergarten beheizbar, darf die Fläche voll angerechnet werden.
- Bei Dachschrägen hängt es von der Raumhöhe ab: unter 1 Meter Raumhöhe wird die Fläche nicht gezählt, zwischen 1 und 2 Metern zur Hälfte, ab 2 Metern voll.

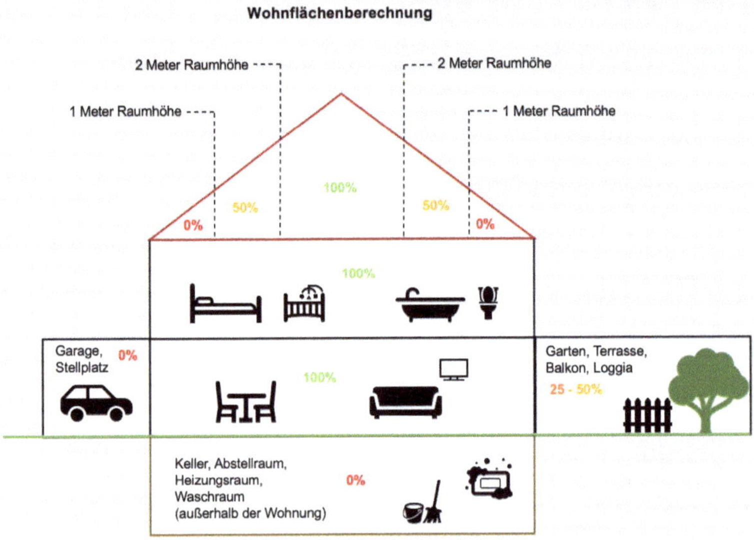

So wird die Wohnfläche berechnet – nicht jede Fläche zählt voll mit. Details: siehe Wohnflächenverordnung (WoFlV) des BGB

Gut zu wissen: Die Wohnfläche hat auch einen Einfluss auf deine Nebenkosten: einige Kostenarten werden nach Quadratmetern auf die Mieter verteilt. Eine kleine Wohnung kann sich also doppelt lohnen – bei der Miete und bei den Nebenkosten.

Welche Ausstattung ist dir wichtig?

Hast du die Grundgegebenheiten geklärt, geht es um die Ausstattung. Mach dir am besten eine kleine Wunschliste. Die folgenden Fragen helfen dir dabei:

- Lebst du in einer Gegend mit kalten, schneereichen Wintern und möchtest morgens nicht erst das Auto frei kratzen? Dann lohnt sich eine Garage, ein Tiefgaragenstellplatz oder ein Carport.
- Hast du gar kein Auto und fährst mit Bus und Bahn? Dann achte auf eine gute Anbindung an die öffentlichen Verkehrsmittel.
- Hast du ein Haustier, etwa einen Hund, musst du darauf achten, dass der Vermieter Haustiere erlaubt.
- Gönnst du dir gern ein Entspannungsbad? Dann sollte das Bad eine Badewanne haben – und wenn du dich gern im Tageslicht stylst, ein Fenster.
- Hättest du gerne ein zusätzliches Gäste-WC, damit Gäste nicht in dein Bad müssen beziehungsweise dein Partner auch eine Toilette nutzen kann, während du dich im Bad fertig machst?
- Hast du besondere Wünsche fürs Schlafzimmer? Ich hatte zum Beispiel schon Interessenten in Schichtarbeit, denen Rollläden sehr wichtig waren, um auch tagsüber gut schlafen zu können.

- Und die Küche: Kannst du deine jetzige mitnehmen, möchtest du eine neue nach deinem Geschmack kaufen, oder wäre dir eine bereits vorhandene Einbauküche mit allen Geräten am liebsten?
- Bist du gern draußen? Vielleicht freust du dich über einen (Gemeinschafts-)Garten, eine Terrasse oder einen Balkon. Manchmal gibt es in der Nähe auch einen Schrebergarten zu mieten.
- Fährst du Fahrrad, Ski oder Snowboard? Dann sind ein Fahrradkeller oder ein eigenes Kellerabteil praktisch.
- Wie ist es mit der Waschmaschine? Möchtest du einen eigenen Anschluss in der Wohnung oder reicht dir ein gemeinschaftlicher Waschkeller, sodass du keine eigene Maschine kaufen musst?
- Hast du Wünsche zur Heizung? Gibt es eine Zentralheizung im Haus? Was wünschst du dir für die Wohnung? Eine Fußbodenheizung ist angenehm und oft sparsamer als eine Elektroheizung. Ein Kachelofen oder Schwedenofen ist gemütlich, aber bedenke: Du brauchst Holz und das muss irgendwo gelagert werden.
- Legst du Wert auf eine bestimmte technische Ausstattung, wie Glasfaseranschluss, LAN-Anschlüsse in den einzelnen Zimmern, TV-Anschlüsse, Smart-Home-Steuerung oder ähnliches?

- Denkst du langfristig, also an Zeiten, in denen Treppensteigen schwerfällt oder hast du kleine Kinder und willst den Kinderwagen nicht mehrere Stockwerke hochtragen? Dann achte auf eine barrierefreie Wohnung im Erdgeschoss oder Erreichbarkeit mit Aufzug.

Ein Aufzug hat übrigens auch beim Umzug Vorteile, falls die Wohnung weiter oben liegt. Wenn du Möbel mitnehmen möchtest, miss sie am besten vorher aus, damit du spätestens bei der Besichtigung prüfen kannst, ob alles hineinpasst. Oder suchst du gleich eine möblierte Wohnung, um dir Anschaffungskosten und Aufwand zu sparen?

Die Lage – oft wichtiger als gedacht

Ein weiterer entscheidender Punkt ist die Lage. Neben naheliegenden Faktoren wie der Entfernung zur Arbeit, zum Supermarkt oder zum Kindergarten und zur Schule deiner Kinder lohnt es sich – besonders in großen Städten – sich vorab kurz über die einzelnen Stadtteile zu informieren.

Bevor du dich festlegst, lohnt sich ein kleiner Lage-Check. Frag dich am besten:

- Wie komme ich von hier zur Arbeit – und wie lange dauert das morgens im Berufsverkehr?
- Gibt es Supermärkte, Ärzte, Apotheken und vielleicht eine Kita oder Schule in der Nähe?

- Wie ist die Anbindung an Bus und Bahn, auch am Abend und am Wochenende?
- Wie wirkt die Gegend tagsüber und abends? Ein zweiter Besuch zu einer anderen Tageszeit verrät oft mehr als der erste Eindruck.
- Gibt es Lärmquellen wie eine Hauptstraße, Bahngleise, Kneipen oder einen Industriebetrieb?
- Wie viel Grün, welche Parks und welche Freizeitmöglichkeiten gibt es im Viertel?

Gerade in größeren Städten kann sich der Charakter von Straße zu Straße ändern. Ein kurzer Spaziergang durchs Viertel, bevor du dich bewirbst, schützt dich vor bösen Überraschungen.

Sei dir aber bewusst: Wohnungen in der besten Lage kosten in der Regel auch am meisten. Und damit sind wir beim vielleicht wichtigsten Thema überhaupt – dem Budget.

Das Budget: Wie viel Miete kann ich mir leisten?

Die wohl wichtigste Frage lautet: Wie viel Miete kann ich mir tatsächlich leisten? Bitte beantworte sie unbedingt, bevor du einen Mietvertrag unterschreibst – das erspart dir und deinem Vermieter viel Ärger. Noch besser: Kläre sie schon, bevor du überhaupt mit der Suche beginnst. Denn mitten in der Traumwohnung, wenn du gerade den Mietpreis erfährst, fällt eine nüchterne Rechnung schwer. Legst du dir dagegen vorher ein Limit fest, kannst du von Anfang an gezielt nur Wohnungen ansehen, die du dir auch wirklich leisten kannst.

So findest du dein Limit: Zähle deine monatlichen Ausgaben zusammen – für Lebensmittel, Versicherungen, Auto, Handy, Freizeit und so weiter – und ziehe diese Summe von deinem monatlichen Nettoeinkommen ab. Beträge, die nur einmal im Jahr anfallen (etwa Vereinsbeiträge), teilst du durch zwölf und rechnest sie ebenfalls zu den Monatsausgaben.

Als Faustregel zur groben Orientierung gilt: Dein Netto-Monatseinkommen sollte etwa dreimal so hoch sein, wie die Miete.

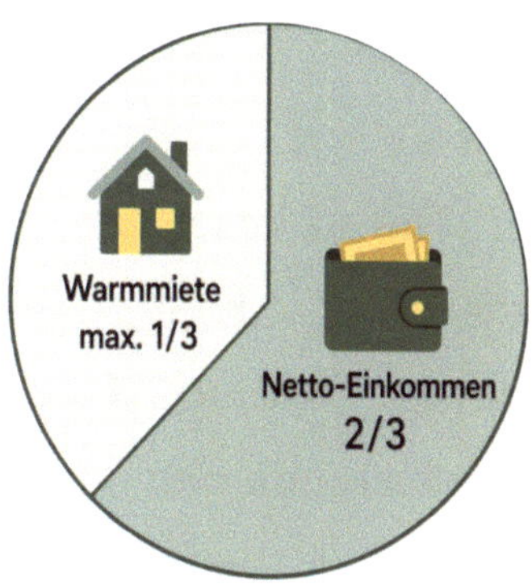

Oder anders formuliert: Die Warmmiete sollte höchstens rund ein Drittel deines Einkommens betragen.

Genau an dieser Regel orientiere auch ich mich als Vermieterin, wenn ich Bewerbungen von Mietinteressenten bewerte.

Beispielrechnung: So findest du dein Mietbudget:

Nehmen wir an, du verdienst netto 2.400 Euro im Monat. Nach der Faustregel (höchstens ein Drittel fürs Wohnen) liegt deine Warmmiete-Obergrenze bei rund 800 Euro.

Jetzt der Gegencheck mit deinen echten Ausgaben: Lebensmittel 350 €, Auto/Verkehr 200 €, Versicherungen 120 €, Handy/Internet 60 €, Freizeit und Sonstiges 250 € – macht 980 € feste Ausgaben. Bleiben von 2.400 € noch 1.420 € fürs Wohnen und zum Sparen. Möchtest du monatlich 300 € zurücklegen, kannst du dir realistisch etwa 1.100 € Warmmiete leisten.

Nimm vom Ergebnis der beiden Methoden lieber den niedrigeren Wert – dann hast du auch dann noch Luft, wenn einmal eine größere Ausgabe dazwischenkommt.

Beachte außerdem: Die in Inseraten genannte Warmmiete enthält in der Regel nicht die Kosten für Strom, Internet und den Rundfunkbeitrag (früher „GEZ“). Diese Verträge schließt du meist selbst mit den jeweiligen Anbietern ab, sofern nichts anderes angegeben ist.

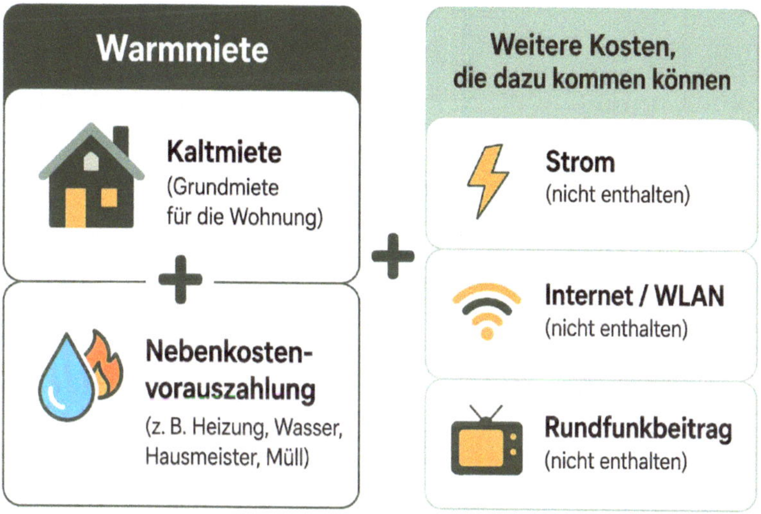

Auch Gas für Heizung und Warmwasser ist manchmal nicht in der Warmmiete enthalten, sondern wird über einen eigenen Vertrag abgerechnet, den du direkt mit einem Gasversorger abschließt und über monatliche Abschläge bezahlst. Ob das bei deiner Wunschwohnung so ist, steht im Inserat oder erfährst du beim Vermieter.

Vergleichst du verschiedene Inserate miteinander, solltest du unbedingt genau hinschauen, ob der genannte Mietpreis die Kaltmiete oder die Warmmiete ist. Das wird oft verwechselt und manchmal nicht eindeutig dargestellt in den Inseraten, kann aber schnell mal einen Unterschied von 150 bis 250 Euro im Monat ausmachen. Steht dort nur eine Zahl ohne Angabe, frag nach, was genau enthalten ist: Sind die

Heizkosten dabei? Ist Warmwasser und Gas inklusive oder zahlst du das separat? Nur so kannst du zwei Angebote wirklich miteinander vergleichen und prüfen, ob sie in dein Budget passen.

Und denk daran: Zu Beginn eines Mietverhältnisses kommen oft einmalige Kosten dazu – die Kaution und unter Umständen ein Ablösebetrag für die Küche oder andere Möbel. Was es damit auf sich hat und wie die Miete überhaupt zusammengesetzt ist, schauen wir uns jetzt genauer an.

Plane außerdem die Umzugskosten von Anfang an mit ein. Egal, ob du selbst mit Freunden und einem geliehenen Transporter umziehst oder eine Umzugsfirma beauftragst – es entstehen immer Kosten (Transporter, Kartons, Verpflegung der Helfer oder das Unternehmen selbst). Wer das von Beginn an berücksichtigt, erlebt später keine böse Überraschung.

Was steckt in der Miete? Kalt-, Warm- und Nebenkosten

Wenn von „Miete" die Rede ist, sind je nach Zusammenhang ganz unterschiedliche Beträge gemeint. Damit du Inserate richtig vergleichen kannst, solltest du die wichtigsten Begriffe kennen:

- Kaltmiete (Nettokaltmiete): das reine Entgelt für die Wohnung ohne jegliche Nebenkosten.
- Nebenkosten bzw. Betriebskosten: die laufenden Kosten rund um Haus und Wohnung, die der Vermieter auf dich umlegen darf.
- Warmmiete (Bruttomiete): Kaltmiete plus die umlagefähigen Nebenkosten. Das ist der Betrag, den du Monat für Monat an den Vermieter überweist.

Welche Nebenkosten ein Vermieter überhaupt umlegen darf, ist nicht Verhandlungssache, sondern gesetzlich in der Betriebskostenverordnung geregelt. Dort sind die zulässigen Kostenarten abschließend aufgezählt. Dazu gehören zum Beispiel die Grundsteuer, Wasser und Abwasser, Heizung und Warmwasser, Müllabfuhr und Straßenreinigung, Hausreinigung und Ungezieferbekämpfung, Gartenpflege, Beleuchtung der Gemeinschaftsflächen, Schornsteinfeger, Aufzugskosten, Sach- und Haftpflichtversicherungen sowie der Hausmeisterdienst.

Um dir einen besseren Überblick zu verschaffen, welche Nebenkosten umlagefähig sind, habe ich mich bemüht um eine vollständige Auflistung. Genau nachprüfen, welche Kosten nach aktueller Rechtsprechung umlagefähig sind, kannst du in der Betriebskostenverordnung unter §2:

- laufende öffentliche Lasten (vor allem die Grundsteuer)
- Wasserversorgung und Entwässerung (Abwasser)
- Heizung sowie Warmwasser (auch verbundene Anlagen)
- Betrieb des Aufzugs
- Straßenreinigung und Müllbeseitigung
- Gebäudereinigung und Ungezieferbekämpfung
- Gartenpflege
- Beleuchtung der Gemeinschaftsflächen
- Schornsteinreinigung
- Sach- und Haftpflichtversicherungen
- Hauswart bzw. Hausmeister
- Gemeinschaftsantenne oder Breitbandanschluss (mit Einschränkungen seit Juli 2024)
- Einrichtungen für die Wäschepflege (z. B. Gemeinschaftswaschküche)
- sonstige Betriebskosten – aber nur, wenn sie im Vertrag ausdrücklich benannt sind

Genauso wichtig ist, was der Vermieter NICHT auf dich umlegen darf: Verwaltungskosten (etwa für die Hausverwaltung), Instandhaltung und Reparaturen sowie Rücklagen muss er aus der Kaltmiete selbst tragen. Tauchen solche Posten in deiner Abrechnung auf, lohnt sich ein genauer Blick.

Hinweis zum Kabelfernsehen: Seit dem 1. Juli 2024 dürfen die Kosten für einen Kabel-TV-Anschluss nicht mehr pauschal über die Nebenkosten abgerechnet werden (das sogenannte „Nebenkostenprivileg“ ist entfallen). Findest du in einer Abrechnung noch eine Position für Kabelfernsehen, frag nach.

Die Nebenkosten zahlst du meist als monatliche Vorauszahlung. Einmal im Jahr erstellt der Vermieter eine Nebenkostenabrechnung und rechnet ab, ob du zu viel oder zu wenig gezahlt hast – daraus ergibt sich entweder eine Nachzahlung oder ein Guthaben. Diese Abrechnung muss dich spätestens zwölf Monate nach Ende des Abrechnungszeitraums erreichen – kommt sie später, darf der Vermieter in der Regel nichts mehr nachfordern. Ein Guthaben bekommst du aber trotzdem. Umgekehrt hast auch du zwölf Monate Zeit, der Abrechnung zu widersprechen, wenn dir etwas merkwürdig vorkommt.

Seltener wird statt der Vorauszahlung eine feste Pauschale vereinbart; dann ist alles mit der monatlichen Miete abgegolten und es gibt keine jährliche Abrechnung.

Tipp für deine Kalkulation: Vergleiche Wohnungen immer über die Warmmiete, nicht über die Kaltmiete. Eine günstige Kaltmiete nützt dir wenig, wenn die Nebenkosten hoch sind. Frag im Zweifel nach, ob die angesetzten Vorauszahlungen realistisch sind – sonst droht später eine böse Überraschung bei der Abrechnung.

Ein kurzes Beispiel, damit die Begriffe greifbar werden: Steht in der Anzeige „Kaltmiete 650 Euro, Nebenkosten 180 Euro, Warmmiete 830 Euro", dann zahlst du jeden Monat 830 Euro an den Vermieter – davon sind 650 Euro die eigentliche Miete und 180 Euro eine Vorauszahlung auf Wasser, Heizung, Müll und Co. Strom (oft 50–90 Euro im Monat), Internet (rund 30–40 Euro) und den Rundfunkbeitrag (derzeit rund 18,36 Euro monatlich, Stand 2026) musst du zusätzlich selbst zahlen. Rechne also grob noch einmal 100 bis 150 Euro obendrauf, wenn du deine echten monatlichen Wohnkosten ermitteln willst.

Bekommst du am Jahresende eine Nachzahlung, ist das ärgerlich, aber meist ein Zeichen dafür, dass die Vorauszahlung zu niedrig angesetzt war. Frag deshalb bei sehr niedrigen Nebenkosten im Inserat nach, ob die Vorauszahlung realistisch ist – sonst sieht die Warmmiete günstig aus, und die böse Überraschung kommt ein Jahr später.

Vorauszahlung, Abschlag und Abrechnung – so funktioniert es

Viele verwechseln die Begriffe „Vorauszahlung“ und „Abschlag“, dabei steckt dasselbe Prinzip dahinter: Weil niemand vorher genau weiß, wie viel Heizung, Wasser oder Strom du im Jahr verbrauchst, zahlst du Monat für Monat einen geschätzten Betrag im Voraus. Am Ende des Jahres wird abgerechnet, was du tatsächlich verbraucht hast – und die Differenz wird ausgeglichen.

- Vorauszahlung ist der Begriff für die Nebenkosten, die du an den Vermieter zahlst (Wasser, Müll, Hausreinigung und so weiter). Über sie rechnet der Vermieter einmal jährlich ab.
- Abschlag nennt man dieselbe monatliche Zahlung, wenn du sie direkt an einen Versorger leistest – etwa deinen Strom-, Gas- oder Heizungsanbieter. Auch hier kommt einmal im Jahr eine Jahresabrechnung.

So läuft die jährliche Abrechnung ab: Der Vermieter (oder Versorger) addiert deine zwölf monatlichen Zahlungen und stellt ihnen die tatsächlichen Kosten gegenüber. Hast du zu wenig gezahlt, kommt eine Nachzahlung; hast du zu viel gezahlt, bekommst du ein Guthaben zurück. Meist wird gleichzeitig der monatliche Betrag für das kommende Jahr angepasst, damit er besser zum echten Verbrauch passt.

Beispiel: eine Nebenkostenabrechnung

Du hast über das Jahr monatlich 180 € Nebenkosten-Vorauszahlung geleistet, insgesamt also 2.160 €. Die Abrechnung zeigt tatsächliche Kosten von 2.400 €. Ergebnis: 240 € Nachzahlung. Außerdem wird deine Vorauszahlung für das nächste Jahr auf 200 € (statt vorher 180 €) erhöht.

Lägen die tatsächlichen Kosten dagegen nur bei 1.950 €, bekämst du 210 € zurück – ein Guthaben, das der Vermieter dir auszahlen oder mit der nächsten Miete verrechnen kann.

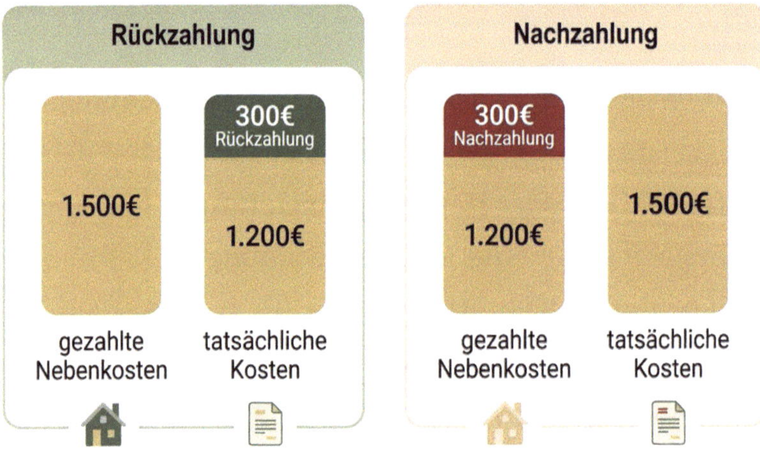

Lies jede Abrechnung in Ruhe durch. Prüfe, ob der Abrechnungszeitraum stimmt, ob dein Verteilerschlüssel (oft Quadratmeter oder Personen) passt und ob nur die erlaubten Kostenarten auftauchen. Kommt dir etwas falsch vor, hast du zwölf Monate Zeit, schriftlich zu widersprechen, und darfst die Belege beim Vermieter einsehen. Im Zweifel hilft ein Mieterverein weiter – der prüft die Abrechnung für kleines Geld.

Wohnung oder Haus mieten?

Vielleicht suchst du gar keine klassische Wohnung, sondern ein ganzes Haus zur Miete – ein Reihenhaus, eine Doppelhaushälfte oder ein freistehendes Einfamilienhaus. Vieles aus diesem Buch gilt dann genauso: Anschreiben, Besichtigung, Unterlagen und Mietvertrag funktionieren genauso. Aber ein gemietetes Haus bringt ein paar Besonderheiten mit, die du unbedingt kennen solltest – sonst wird es schnell teurer als gedacht.

Der größte Unterschied liegt bei den Nebenkosten. In einer Mietwohnung rechnet die Hausverwaltung beziehungsweise der Vermieter die meisten Kosten gemeinsam für das ganze Haus ab und legt sie anteilig auf alle Mieter um. Beim Mieten eines ganzen Hauses bist du dagegen oft allein verantwortlich – und schließt viele Verträge selbst direkt mit den Versorgern ab. Das betrifft zum Beispiel:

- Strom und Heizung: Bei einem Haus meldest du Strom und Heizung (Gas, Öl, Pellets, Wärmepumpe) in der Regel selbst beim Versorger an und zahlst monatliche Abschläge. Eine Ölheizung musst du unter Umständen sogar selbst mit Heizöl befüllen – eine Tankfüllung kann auf einen Schlag mehrere Hundert bis über tausend Euro kosten.

- Wasser und Abwasser: Häufig läuft auch das über einen eigenen Zähler und wird dir direkt vom Versorger oder der Kommune in Rechnung gestellt.
- Müllgebühren: Oft meldest du die Mülltonnen selbst bei der Gemeinde an und zahlst die Gebühren direkt.
- Grundsteuer: Sie kann laut Mietvertrag auf dich umgelegt werden – bei einem Haus ist die Grundstücksfläche in der Regel größer und damit die Grundsteuer höher als bei einer Wohnung in einem Mehrfamilienhaus.
- Schornsteinfeger, Heizungswartung, Versicherungen: Auch solche Posten landen beim Haus häufiger direkt beim Mieter.

Dazu kommen Pflichten rund um Haus und Grundstück, die es in der Wohnung so nicht gibt: Garten pflegen, Hecke schneiden, im Winter Schnee räumen und streuen, Laub entfernen. Kläre vor der Zusage genau, was davon deine Aufgabe ist und plane die Zeit oder die Kosten dafür ein.

Generell empfiehlt sich beim Haus großzügiger zu kalkulieren, weil du beim Haus viele Kosten direkt und allein trägst. Du kannst den Vermieter vorab nach den durchschnittlichen Verbrauchskosten der letzten Jahre fragen und wie viele Personen zu dieser Zeit das Haus bewohnt haben.

Frag außerdem nach dem Energieausweis. Er gibt dir einen guten Anhaltspunkt, wie energiehungrig das Gebäude ist. Ein großes Haus mit schlechter Dämmung kann im Winter überraschend hohe Heizkosten verursachen, woran du bei einer Besichtigung im Sommer vielleicht nicht sofort denkst.

Der Energieausweis

Eng mit den Heizkosten verbunden ist der Energieausweis. Er ist bei einer Neuvermietung Pflicht: Die wichtigsten Angaben sollten schon im Inserat stehen, spätestens bei der Besichtigung muss er dir vorgelegt werden.

Der Energieausweis ist ein Steckbrief für Gebäude, der den Energiestandard beschreibt. Durch die Angaben im Energieausweis lässt sich die Energieeffizienz eines Gebäudes beurteilen und mit anderen vergleichen. Damit gibt dir der Energieausweis einen guten Anhaltspunkt, wie hoch deine Heizkosten voraussichtlich ausfallen.

Es gibt zwei Arten, die du auseinanderhalten solltest:

- Verbrauchsausweis: Er beruht auf dem tatsächlichen Energieverbrauch der bisherigen Bewohner der letzten Jahre. Er ist günstiger zu erstellen und deshalb häufiger, hängt aber stark vom Heizverhalten der Vormieter ab.
- Bedarfsausweis: Er beruht auf einer technischen Analyse des Gebäudes (Dämmung, Fenster, Heizungsanlage) und

ist dadurch unabhängig vom Verhalten einzelner Bewohner – also neutraler und aussagekräftiger.

Ein guter Energiewert bedeutet meist niedrigere Heizkosten. Gerade bei einer großen Wohnung oder einem Haus lohnt sich der Blick darauf, denn die Heizkosten machen einen erheblichen Teil der Nebenkosten aus.

Die Mietkaution

Zu Beginn eines Mietverhältnisses musst du fast immer eine Kaution hinterlegen. Sie ist eine Sicherheit für den Vermieter, falls am Ende offene Forderungen bestehen – etwa Schäden, ausstehende Miete oder eine Nachzahlung aus der Nebenkostenabrechnung. Sieh sie nicht als verlorenes Geld: Wenn du die Wohnung pfleglich behandelst und deine Miete zahlst, bekommst du sie nach dem Auszug vollständig zurück. Damit du nicht überrascht wirst, hier die wichtigsten Regeln:

- Höhe: Die Kaution darf höchstens drei Nettokaltmieten betragen – also drei Monatsmieten ohne die Nebenkosten. Mehr ist gesetzlich nicht erlaubt.
- Ratenzahlung: Du hast das Recht, die Kaution in drei gleichen Monatsraten zu zahlen. Die erste Rate wird zu Mietbeginn fällig, die beiden anderen mit den nächsten

Mieten. Dieses Recht kann der Vermieter dir nicht nehmen.

- Sichere Anlage: Der Vermieter muss deine Kaution getrennt von seinem eigenen Vermögen anlegen, damit sie auch dann geschützt ist, sollte er Insolvenz anmelden. Die anfallenden Zinsen stehen dir zu.
- Rückzahlung: Nach dem Auszug bekommst du die Kaution zurück, sobald der Vermieter alles geprüft hat. Eine feste gesetzliche Frist gibt es nicht; in der Praxis sind etwa drei bis sechs Monate üblich. Steht die letzte Nebenkostenabrechnung noch aus, darf er dafür einen angemessenen Teil länger einbehalten – den Rest muss er aber auszahlen.

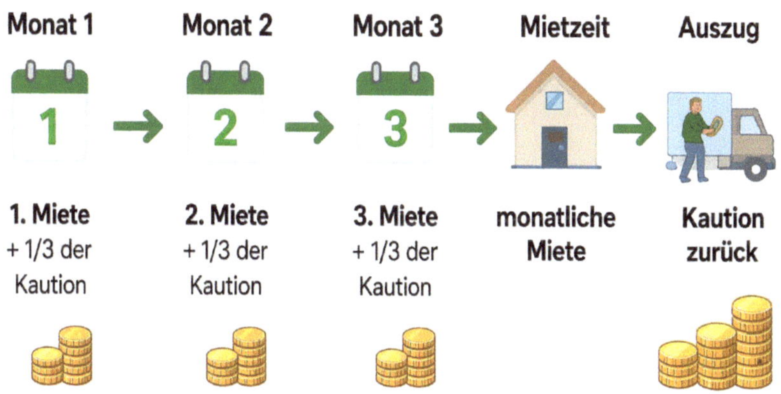

Alternative: Mietkautionsbürgschaft

Statt Bargeld kannst du eine Mietkautionsbürgschaft (auch Kautionsversicherung) abschließen. Dann bürgt ein Anbieter gegenüber dem Vermieter, und dein Geld bleibt frei verfügbar. Das klingt verlockend, hat aber einen Haken: Du zahlst jedes Jahr eine Gebühr (oft rund 4 bis 5 Prozent der Kautionssumme), und dieses Geld ist weg – anders als die Barkaution bekommst du es nie zurück. Im Schadensfall musst du den Betrag am Ende trotzdem selbst tragen. Eine Bürgschaft ist also eher eine Notlösung, wenn du das Geld gerade nicht aufbringen kannst und keine Form des Sparens. Außerdem darf der Vermieter weiterhin auf eine Barkaution bestehen.

Kaution als Darlehen:

Beziehst du Bürgergeld (ab Juli 2026: die neue Grundsicherung), kann das Jobcenter die Kaution übernehmen – in der Regel als Darlehen. Mehr dazu liest du im Kapitel über die Sonderfälle.

Die Küchen- / Möbelablöse

Manchmal ist in der Wohnung bereits eine Einbauküche vorhanden und der vorherige Mieter oder Vermieter möchte dafür eine sogenannte Ablöse. Das Gleiche kann für Möbel, Lampen oder Markisen gelten. Die Idee dahinter: Du übernimmst etwas, das schon da ist, und zahlst dafür einen fairen Preis.

Entscheidend ist das Wort „fair". Maßstab ist nicht der Neupreis, sondern der Zeitwert – also der Wert, den die Küche heute durch Alter und Abnutzung noch hat. Eine fünf Jahre alte Küche ist deutlich weniger wert als eine neue. Lass dir den Zustand zeigen, prüfe, ob alle Geräte funktionieren, und überlege nüchtern, was die Küche tatsächlich noch wert ist.

Auch die Gerichte haben entschieden: Eine Ablöse darf nicht in einem auffälligen Missverhältnis zum tatsächlichen Wert stehen. Oft wird die Grenze bei mehr als 50 Prozent über dem Zeitwert gesehen. Ein Beispiel: Ist die Küche noch 1.000 Euro wert, wären höchstens rund 1.500 Euro zulässig. Hast du 4.000 Euro gezahlt, kannst du den überhöhten Teil später zurückfordern (für die Rückforderung hast du in der Regel drei Jahre Zeit).

Wichtig außerdem: Eine Ablöse darf nicht zur Bedingung für den Mietvertrag gemacht werden.

Mein praktischer Rat: Halte alles schriftlich fest. Eine kurze Vereinbarung mit Liste der übernommenen Gegenstände, deren Zustand und Alter sowie eine Quittung über den gezahlten Betrag schützen dich, falls es später Streit gibt.

Wird bar bezahlt, lass dir das quittieren und nimm am besten eine Zeugin oder einen Zeugen mit.

Wie schätzt du den Zeitwert? Als Faustregel zur Orientierung gilt: Der Wertverlust einer Küche liegt im ersten Jahr bei 24 Prozent und bei 4 Prozent pro Folgejahr. Bei alten oder stark abgenutzten Küchen kann der Wert auch gegen null gehen. Überlege dir auch ehrlich, ob du die Küche überhaupt willst: Manchmal ist eine günstige neue Küche am Ende sinnvoller als eine teuer abgelöste, die nicht deinem Geschmack entspricht.

Wünsche und Wirklichkeit abgleichen

Wenn du deine Wünsche und dein Budget kennst, verschaffe dir einen Überblick über den aktuellen Wohnungsmarkt und gleiche beides ab. Passt es zusammen, kannst du direkt mit der Suche loslegen. Merkst du dagegen, dass deine Wünsche und dein Budget nicht zusammenpassen, überlege, wo du Kompromisse eingehen kannst.

Dabei hilft ein einfacher Trick: Teile deine Wunschliste in zwei Gruppen auf.

- Muss-Kriterien sind die Dinge, die unbedingt erfüllt sein müssen, damit eine Wohnung überhaupt infrage kommt.
- Wunsch-Kriterien sind die Punkte, die schön wären, bei denen du aber notfalls nachgibst.

Ein Beispiel: Stand bisher „Garage“ auf deiner Liste, damit du das Auto im Winter nicht frei kratzen musst, könntest du überlegen, ob nicht auch ein normaler Außenstellplatz oder ein Anwohnerparkplatz genügt. Oder du suchst für deine vierköpfige Familie und hattest drei Schlafzimmer eingeplant, damit jedes Kind ein eigenes hat. Passt das nicht ins Budget, wandern vielleicht zwei Schlafzimmer auf die Muss-Liste und das dritte auf die Wunsch-Liste, weil sich die Kinder vorübergehend ein Zimmer teilen können. So bleibst du flexibel, ohne deine wichtigsten Bedürfnisse aufzugeben.

Wenn es schnell gehen muss

Manchmal bleibt für die Suche kaum Zeit – ein neuer Job in einer anderen Stadt, eine Trennung oder eine Eigenbedarfskündigung. Dann gilt es, klug zu priorisieren, statt in Panik die erstbeste Wohnung zu nehmen, die du später bereust. Diese Strategie hilft:

- Reduziere deine Liste auf die echten Muss-Kriterien und sei bei allem anderen flexibel.
- Richte dir auf den Portalen Suchaufträge mit sofortiger Benachrichtigung ein, damit du unter den Ersten bist, die reagieren.
- Halte deine komplette Bewerbungsmappe digital und ausgedruckt bereit, damit du sofort zuschlagen kannst.

- Aktiviere dein Netzwerk – WhatsApp-Status, Bekannte, Kollegen am neuen Ort.
- Zieh eine Zwischenlösung in Betracht (möbliert auf Zeit, Untermiete), um aus einer entspannteren Position heraus die richtige Wohnung zu finden.

Auch unter Druck gilt: Lies den Mietvertrag, bevor du unterschreibst. Eine vorschnell gemietete, unpassende Wohnung kostet dich am Ende mehr Zeit und Geld als ein paar Tage längeres Suchen.

Wo finde ich passende Angebote?

Weißt du nun, wonach du suchst, geht es an die konkrete Suche. Dafür hast du mehrere Möglichkeiten – und es lohnt sich, sie parallel zu nutzen:

- Empfehlungen und persönliche Kontakte: Gerade bei großer Nachfrage werden viele Wohnungen vergeben, ohne je öffentlich ausgeschrieben zu werden. Wenn Freunde oder Bekannte demnächst ausziehen, bitte sie, dich beim Vermieter als möglichen Nachmieter vorzuschlagen. Häufig lohnt es sich, deine Unterlagen (Anschreiben, Selbstauskunft) gleich über die Bekannten weiterzugeben, damit sich der Vermieter sofort ein Bild machen kann.

- Zeitungsinserate: Manche Vermieter bieten ihre Wohnung im Anzeigenteil der lokalen Zeitung an, oft nur mit Telefonnummer. Dann nimmst du am besten direkt telefonisch Kontakt auf.
- Facebook-Gruppen: Für viele Städte gibt es eigene Gruppen für Wohnungsanzeigen. In Kempten etwa „Wohnungen Kempten/Umgebung“, in Mannheim „WG & Wohnung Mannheim gesucht“, in Nürnberg „Wohnungsmarkt in Nürnberg und Umgebung“. Suche einfach nach deiner Stadt.
- WhatsApp-Status und Kontakte: Unterschätze nicht dein eigenes Umfeld. Ein kurzer WhatsApp-Status wie „Suche ab Herbst eine 3-Zimmer-Wohnung in Kempten – Tipps willkommen!“ erreicht alle deine Kontakte auf einmal. Du wirst überrascht sein, wie oft jemand jemanden kennt, der gerade vermietet. Dasselbe gilt für Status-Meldungen oder Posts in lokalen Messenger- und Nachbarschaftsgruppen.
- Immobilienmakler: Makler vermitteln Wohnungen und kennen oft Angebote, bevor sie online stehen. Prüfe immer wieder die Webseiten der Immobilienmakler in dem Ort, in dem du dein neues Zuhause suchst. Bezüglich der Kosten des Immobilienmaklers gilt bei Mietwohnungen das Bestellerprinzip: Die Maklerprovision zahlt derjenige, der den Makler beauftragt hat. Hat

also der Vermieter den Makler beauftragt, ihn bei der Vermietung seiner Wohnung zu unterstützen, zahlst du als Mieter nichts für den Makler und seine Dienstleistung. Das ist der häufigste Fall. Solltest doch du den Makler mit der Suche nach einer Mietwohnung für dich beauftragen, darf seine Provision für die Vermittlung einer Mietwohnung höchstens zwei Nettokaltmieten plus Mehrwertsteuer betragen.

- Online-Portale: Neben den großen Portalen wie ImmobilienScout24 und Immowelt sind auch Kleinanzeigen für private Angebote sehr beliebt. Daneben gibt es weitere Anbieter wie Immonet oder wohnglueck.de. Die Portale solltest du regelmäßig überprüfen.
  Noch ein praktischer Tipp: Bei den meisten Portalen kannst du einen Suchauftrag anlegen. Du hinterlegst deine Kriterien und wirst sofort benachrichtigt, sobald ein passendes Inserat eingestellt wird. Aktiviere dafür unbedingt die Benachrichtigungen per E-Mail oder App. So gehörst du zu den Ersten, die reagieren – und genau das ist auf einem umkämpften Markt oft entscheidend.

Lohnt sich ImmobilienScout24 „SuchenPlus“?

Auf ImmobilienScout24 gibt es eine kostenpflichtige Mitgliedschaft für Suchende, die früher „MieterPlus“ hieß und heute unter dem Namen „SuchenPlus“ läuft. Sie verspricht:

Deine Anfragen erscheinen beim Vermieter weiter oben (mit Plus-Symbol), du siehst manche Anzeigen früher als kostenlose Nutzer, du kannst eine einheitliche digitale Bewerbermappe mit geprüften Nachweisen anlegen, und es gibt einen „Chancen-Check".

Die Preise wechseln je nach Laufzeit und Aktion. Anfang 2026 lagen sie laut Drittquellen je nach Laufzeit etwa zwischen 25 und 40 Euro im Monat (ohne Gewähr; offizielle Preise siehst du erst im Bestellvorgang).

Mein nüchternes Fazit: In stark umkämpften Großstädten kann der Zeitvorsprung und die bessere Platzierung den Unterschied machen – aber nur, wenn du wirklich schnell reagierst und gute Unterlagen hast. Auf entspannten oder ländlichen Märkten ist der Mehrwert gering. Du konkurrierst außerdem weiter mit allen anderen Plus-Nutzern, und Erfolg ist nie garantiert. Falls du es testen willst, wähle die kürzeste Laufzeit und nutze gegebenenfalls das 14-tägige Widerrufsrecht.

Weitere Wege: Wohnungstausch und Zwischenmiete

Neben der klassischen Suche gibt es noch ein paar weniger bekannte Wege, die sich je nach Situation lohnen:

- Wohnungstausch: Vor allem bei städtischen Wohnungsgesellschaften und Genossenschaften gibt es Tauschbörsen. Wer zum Beispiel zu groß wohnt, tauscht mit jemandem, der mehr Platz braucht. Das kann ein cleverer Weg in eine begehrte, sonst kaum zu bekommende Wohnung sein.
- Zwischenmiete: Wer für eine Übergangszeit eine Bleibe sucht (oder Zeit überbrücken muss, bis die Traumwohnung frei wird), findet über Zwischenmiet-Portale möblierte Wohnungen auf Zeit. Achte hier besonders auf einen sauberen, befristeten Vertrag.
- Untermiete: Ein Zimmer oder eine Wohnung zur Untermiete ist oft schneller und unkomplizierter zu bekommen. Wichtig: Der Hauptmieter braucht die Erlaubnis des Vermieters zur Untervermietung – lass dir das zeigen, damit du nicht plötzlich ohne Bleibe dastehst.

Wohnungsbaugenossenschaften – eine oft übersehene Option

Eine Möglichkeit, die viele gar nicht auf dem Schirm haben, sind Wohnungsbaugenossenschaften. Das sind Zusammenschlüsse, die Wohnungen besitzen und ausschließlich an ihre Mitglieder vermieten. Der große Vorteil: Die Mieten sind oft günstiger als auf dem freien Markt und du wohnst besonders sicher – eine Eigenbedarfskündigung wie bei privaten Vermietern gibt es hier praktisch nicht. Genossenschaften denken langfristig und legen Wert auf ein gutes Miteinander.

Dafür funktioniert der Zugang etwas anders als bei einer normalen Mietwohnung:

- Mitgliedschaft: Um eine Genossenschaftswohnung zu mieten, musst du Mitglied werden. Das ist kein Hexenwerk, aber ein bewusster Schritt.
- Genossenschaftsanteile: Bei Eintritt zeichnest du Anteile – eine Art Einlage, deren Höhe sich oft nach der Wohnungsgröße richtet. Diese Anteile sind kein verlorenes Geld: Du bekommst sie beim Auszug grundsätzlich zurück, manchmal sogar mit einer kleinen jährlichen Dividende. Sie ersetzen aber nicht unbedingt die Kaution.
- Wartelisten: Beliebte Genossenschaften haben oft Wartelisten. Es lohnt sich daher, früh Mitglied zu werden und sich auf dem Schirm zu halten – am besten lange, bevor du akut suchst.
- Mitbestimmung: Als Mitglied hast du ein Mitspracherecht und bist nicht nur Mieter, sondern ein Stück weit Miteigentümer.

Manche Genossenschaftswohnungen sind zusätzlich öffentlich gefördert – dann brauchst du dafür auch einen Wohnberechtigungsschein (mehr dazu im Kapitel über die Sonderfälle). Schau einfach, welche Genossenschaften es in deiner Stadt gibt und frag direkt nach den Bedingungen. Gerade wer langfristig günstig und sicher wohnen möchte, ist hier oft goldrichtig.

Selbst ein Gesuch aufgeben

Auf vielen Portalen kannst du nicht nur nach Wohnungen suchen, sondern auch selbst ein Gesuch aufgeben. Das ist sinnvoller, als viele denken: Manche Vermieter haben keine Lust auf die Flut von Anfragen, die ein eigenes Inserat auslöst. Sie schauen deshalb zuerst, ob sie unter den Suchenden jemanden Passenden finden, und sprechen diese Person direkt an.

Wenn du ein Gesuch aufgibst, beantworte dem möglichen Vermieter am besten gleich diese Fragen:

- Wer bist du und wer würde mit dir einziehen?
- Wie viele Zimmer soll die Wohnung mindestens haben?
- Welche Wohnfläche stellst du dir vor?
- Wie hoch ist dein Budget, also welche monatliche Warmmiete kannst du dir leisten?

- Gibt es Muss-Kriterien, die die Wohnung auf jeden Fall erfüllen muss?
- Wann und wie kann man dich am besten erreichen?

Mustertext für ein Gesuch:
Suche ab sofort oder später eine 2-Zimmer-Wohnung in Kempten und Umgebung.
Ich bin 34 Jahre alt, arbeite unbefristet als Krankenpfleger und würde allein einziehen. Ich bin Nichtraucher, habe keine Haustiere und lege Wert auf ein langfristiges, ruhiges Mietverhältnis.
Vorstellungen: 2 Zimmer, etwa 50–65 m², Warmmiete bis 850 €. Wichtig sind mir ein Balkon und ein Stellplatz. Ein Aufzug wäre schön, ist aber kein Muss.
Erreichbarkeit: Am besten per Nachricht hier im Portal oder telefonisch abends ab 18 Uhr unter 0151 1234567.
Über eine Rückmeldung freue ich mich sehr.

Ein gutes Gesuch beantwortet dem Vermieter alle wichtigen Fragen, bevor er sie stellen muss. Das spart ihm Zeit – und genau das schätzt er.

Eine eigene Suchanzeige in der Zeitung schalten

Was viele für altmodisch halten, ist nach wie vor erstaunlich wirkungsvoll: eine eigene Suchanzeige in der lokalen Zeitung. Gerade ältere Vermieter, die kleinere Häuser privat verwalten und nicht auf Online-Portalen unterwegs sind, lesen den Anzeigenteil ihrer Heimatzeitung noch ganz klassisch. Über diesen Weg erreichst du genau die Vermieter, die online kaum jemand erreicht – und stehst dort oft mit deutlich weniger Konkurrenz da.

So machst du es richtig:

- Halte dich kurz, denn Zeitungsanzeigen kosten meist pro Zeile oder Wort. Nenne trotzdem das Wichtigste: wer du bist, was du suchst (Zimmer, Größe, Ort), dein Budget und wie man dich erreicht.
- Wähle die richtige Zeitung und den richtigen Tag – viele Blätter haben einen festen Immobilientag, oft am Wochenende, an dem besonders viele Leute den Anzeigenteil lesen.
- Wirke seriös und sympathisch. Ein kurzer Hinweis wie „ruhiges, zuverlässiges Paar, Nichtraucher, sucht. langfristig“ schafft Vertrauen.

Beispiel für eine Zeitungsanzeige

Ruhiges, berufstätiges Paar (Nichtraucher, keine Haustiere) sucht langfristig 3-Zimmer-Wohnung in Kempten, bis 1.000 € warm, gerne mit Balkon. Tel. 0151 1234567 ab 16 Uhr.

Übrigens lohnt sich auch der Blick in die andere Richtung: Viele private Vermieter inserieren ihre Wohnung weiterhin nur in der Zeitung. Es kann sich also doppelt auszahlen, den lokalen Anzeigenteil regelmäßig durchzusehen.

Interesse wecken: das richtige Anschreiben

Hast du eine Anzeige gefunden, die dir gefällt, nimmst du Kontakt zum Anbieter auf. Dieser erste Kontakt – meist eine kurze Nachricht – ist enorm wichtig. Denn oft ist er das Einzige, woran Vermieter entscheiden, wen sie überhaupt zur Besichtigung einladen. Hier kommt es auf jedes Wort an. Die folgenden Punkte sind genau die, auf die ich besonders achte.

Schreiben oder anrufen?

Eine Frage, die sich viele stellen: Soll ich dem Vermieter schreiben oder lieber gleich anrufen? Die ehrliche Antwort lautet: Es kommt darauf an, wie das Inserat gestaltet ist.

- Steht nur eine Telefonnummer in der Anzeige, ist das ein klares Zeichen: Der Vermieter möchte telefonisch kontaktiert werden. Ruf also an – das ist häufig bei privaten und älteren Vermietern oder Zeitungsanzeigen der Fall.
- Läuft alles über ein Portal mit Nachrichtenfunktion, schreibst du am besten zuerst eine gute Nachricht. So kann der Vermieter alles in Ruhe lesen sowie vergleichen und du kannst dich sorgfältig und ohne Stocken vorstellen.

Mein Tipp für den besten Eindruck: Kombiniere beides. Schreib eine überzeugende Nachricht und biete darin an, dass der Vermieter dich gern anrufen darf – und nenne gleich, wann du am besten erreichbar bist. Ein kurzes Telefonat schafft Nähe und Vertrauen, das eine Nachricht allein nur schwer aufbaut. Wenn du anrufst, überlege dir vorher in ein paar Stichpunkten, was du sagen möchtest und ruf zu einer höflichen Uhrzeit an – nicht spätabends oder zu typischen Essenszeiten.

Vor dem Anruf kurz überlegen

Lege dir Zettel und Stift bereit, halte das Inserat parat und notiere dir deine wichtigsten Eckdaten (Beruf, Anzahl Personen, Wunschtermin). Lächle beim Sprechen – ich merke das selbst beim Telefonieren! Und frag am Ende des Gesprächs aktiv nach einem Besichtigungstermin.

Lies die Anzeige vollständig und genau

Wenn ich eine Wohnung anbiete, gebe ich mir viel Mühe, sie vollständig zu beschreiben und möglichst alle Fragen vorab zu beantworten. Was mich ärgert: Wenn ich dann hunderte Nachrichten lese und genau die Fragen gestellt bekomme, die längst im Text stehen.

Ich glaube, das Problem ist: Viele schauen sich nur die Bilder und die Kosten an und schreiben sofort los, weil sie fürchten, sonst zu spät zu sein. Aber glaub mir: Viel häufiger als „fünf Minuten zu spät“ ist das Problem, dass die Anzeige gar nicht richtig gelesen wurde. Ich habe sogar schon Anzeigen gesehen, in denen der Vermieter darum bat, einen bestimmten Satz in die Nachricht zu schreiben – als Beweis, dass man alles gelesen hat. Fehlte dieser Satz, war man gleich im Nachteil. Auch ich bitte am Ende meiner Anzeigen immer um eine kurze Vorstellung. Fehlt sie, gehe ich davon aus, dass der Text nicht gelesen wurde – und bevorzuge andere Interessenten.

Sprich den Vermieter mit Namen an

Ich bestehe nicht auf ein förmliches „Sehr geehrte Frau Müller“. Aber wie die meisten Menschen freue ich mich, mit Namen angesprochen zu werden. Ein „Guten Tag, Frau Müller“ oder „Hallo Sandra“ ist mir deutlich lieber als ein bloßes „Hi“, bei dem ich genau merke: Diese Nachricht lässt sich mühelos kopieren und an beliebig viele Vermieter schicken.

Wenn du eine Nachricht doch kopierst, passe wenigstens den Namen an – und kontrolliere ihn vor dem Absenden unbedingt. Denn schlimmer als ohne Namen angeschrieben zu werden, ist es, mit dem falschen Namen angesprochen zu werden. Ich rate aber ohnehin davon ab, Nachrichten eins zu eins zu kopieren, weil ich es schätze, wenn jemand auf meine konkrete Anzeige eingeht.

Beispiel aus der Praxis

In meinen Anzeigen schreibe ich oft, dass ich einen langfristigen Mieter suche und gern einen Kündigungsverzicht von mindestens einem Jahr vereinbaren würde. Schreibst du mir nun, dass auch du langfristig mieten möchtest und mit so einem Kündigungsverzicht einverstanden bist, fällst du mir sofort positiv auf – und die Wahrscheinlichkeit für eine Einladung steigt. (Was ein Kündigungsverzicht genau bedeutet, erkläre ich im Kapitel über die Mietverträge.)

Stell dich kurz vor

Es macht immer einen guten Eindruck, wenn du dich bei der Anfrage kurz vorstellst. Das muss kein Aufsatz sein – ein paar Sätze genügen, damit der Vermieter einen ersten Eindruck von dir bekommt. Diese Punkte finde ich dabei besonders hilfreich:

- Vor- und Nachname: Du glaubst nicht, wie viele Anfragen ich ohne Namen bekomme. Auf manchen Portalen kann man im Profil statt des Namens nur „privat“ anzeigen lassen. Steht dann auch in der Nachricht kein Name, weiß ich nicht, wen ich auf meine Liste setzen soll und stelle solche Anfragen oft erst einmal zurück.
- Anzahl der Personen: Gerade bei größeren Wohnungen ist es wichtig, wie viele Menschen einziehen. Eine kurze

Erklärung zum Verhältnis hilft: Sind es drei Freunde, die eine WG gründen oder ein Ehepaar mit Kind?

- Alter: Wenn du möchtest, nenne dein Alter. Auch das hilft vielen Vermietern bei einem ersten Eindruck und schafft Vertrauen.
- Beruf: Ein paar Worte zu deinem Beruf gehören für mich dazu. Eine Festanstellung mit unbefristetem Vertrag ist ein klarer Pluspunkt – erwähne sie ruhig. Manche nennen gleich ihr Gehalt; liegt es bei etwa drei Warmmieten oder mehr, finde ich das interessant. Nötig ist es im ersten Kontakt aber nicht, und wer es nicht nennen mag, hat keinen Nachteil.
- Besondere berufliche Umstände: Bist du oft auf Dienstreisen, arbeitest du in Schicht oder hast du einen handwerklichen Beruf? All das kann ein Vermieter als Vorteil sehen – sei es wegen ruhiger Zeiten in der Wohnung oder weil er hofft, dass du kleinere Dinge selbst reparieren kannst.
- Freizeit: Vielleicht magst du erzählen, wie du deine Freizeit verbringst. Engagierst du dich ehrenamtlich, erwähne es unbedingt – Eigenschaften wie Zuverlässigkeit und Engagement wünschen sich Vermieter von ihren Mietern.
- Haustiere: Hast du ein Haustier, das mit einzieht, sag es gleich und frage, ob Tiere erlaubt sind. Hast du keine

Tiere, nenne auch das – bei manchen Vermietern ist das ein Pluspunkt.

- Nichtraucher: Bist du Nichtraucher? Erwähne es ruhig, denn auch das wird oft positiv gesehen.

Wenn ihr euch als Paar bewerbt und schon länger zusammen seid, schreibt das ruhig dazu – zum Beispiel „Wir sind seit fünf Jahren ein Paar“. Das kommt gut an, weil der Vermieter dann nicht befürchten muss, dass ihr euch nach ein paar Wochen wieder trennt und er gleich erneut einen Mieter suchen muss. Habt ihr vorher schon zusammengewohnt, erwähnt auch das.

Was außerdem interessant sein kann für Vermieter: Wenn du im Eigentum aufgewachsen bist – deine Eltern also eine Eigentumswohnung oder ein eigenes Haus hatten – darfst du das ruhig erwähnen. Viele Vermieter werten das positiv, weil sie davon ausgehen, dass dir ein sorgsamer Umgang mit Wohneigentum vertraut ist.

Achte auf Form und Formulierung

Ich mag das Gefühl, dass jemand es ernst meint und sich Zeit für eine durchdachte Nachricht genommen hat. Anfragen, deren ganzer Inhalt „Interesse" oder „Habe Interesse" lautet, ignoriere ich oder sage direkt ab. Damit dir das nicht passiert:

- Schreibe in ganzen Sätzen.
- Lies deine Nachricht vor dem Absenden noch einmal durch und prüfe Rechtschreibung und Grammatik. Bist du unsicher, hilft ein kurzer Blick in eine Suchmaschine oder ein KI-Tool.
- Schreibe alles in eine einzige Nachricht. Manche schicken pro Satz eine neue Nachricht – das löst beim Vermieter eine Flut von Benachrichtigungen aus und wirkt schnell nervig. Eine strukturierte Nachricht wirkt seriöser.

Vorsicht bei KI-erstellten Texten

Es ist völlig in Ordnung, dir beim Formulieren von einem KI-Tool helfen zu lassen. Achte beim Kopieren aber unbedingt darauf, dass keine Füllsätze oder der typische KI-Smalltalk mit in deine Nachricht rutschen. Solche Reste wirken sofort unpersönlich und verraten, dass der Text nicht von dir stammt. Lies den Text vor dem Absenden also immer noch einmal in Ruhe durch und streiche alles, was nicht hineingehört.

So bitte nicht

„Gerne! Hier ist ein höfliches Anschreiben für deine Wohnungsbewerbung: Sehr geehrte Frau Müller, ...“
„Natürlich helfe ich dir dabei. Hier ist ein Vorschlag, den du noch anpassen kannst: ...“

Solche Einleitungssätze der KI haben in deiner Nachricht nichts verloren – lösche sie restlos.

Nenne einen guten Grund für den Umzug

Es ist gut, kurz zu erklären, warum du eine neue Wohnung suchst. Auch wenn deine aktuelle Situation belastend ist: Leg den Fokus nicht auf den Frust. Wer vor allem über die alte Wohnung klagt, erweckt leicht den Eindruck, nur schnell rauszuwollen und sich danach in Ruhe nach der „eigentlichen" Traumwohnung umzusehen. Auch bei privaten Gründen wie einer Trennung gilt: Nicht zu sehr jammern und nicht versuchen, die Wohnung aus Mitleid zu bekommen – das wirkt schnell unprofessionell.

Gib deine Kontaktdaten an

Ganz wichtig: Gib dem Vermieter die Möglichkeit, dich zu erreichen. Schreibst du über ein Portal, prüfe dort regelmäßig deine Nachrichten und E-Mails. Sehr hilfreich ist zusätzlich deine Telefonnummer – manche Vermieter machen am liebsten alles schriftlich, andere greifen lieber zum Hörer.

Du musst natürlich nicht rund um die Uhr erreichbar sein. Schreib einfach dazu, wann man dich telefonisch am besten erreicht. Und denk daran: Wirst du von einer unbekannten Nummer angerufen oder hast einen verpassten Anruf, könnte das ein Vermieter sein, der auf deine Anfrage reagiert. Geh also auch bei Fremden freundlich ans Telefon und ruf zeitnah zurück. Ich habe auf meine Anrufe schon ein unfreundliches „Wer ist da?!“ bekommen – und muss zugeben, dass dieser Interessent dadurch sofort nicht mehr mein Favorit war.

Nicht vergessen: Prüfe ab jetzt regelmäßig deine E-Mails und Portal-Nachrichten und lies sie aufmerksam. Viele Vermieter (ich auch) geben darin wichtige Hinweise – zum Beispiel, wo genau man sich zur Besichtigung trifft oder wo man parken kann. Wer solche Hinweise überliest, wirkt schnell unzuverlässig.

Sag, wann du Zeit für Termine hast

Bist du nicht völlig flexibel, hilft es sehr, gleich in der ersten Nachricht zu nennen, wann Besichtigungen bei dir möglich sind. Der Vermieter hat Verständnis dafür, dass du wegen Arbeit oder Entfernung nicht jederzeit kannst – aber es erleichtert ihm die Planung. Ein kurzer Hinweis genügt, zum Beispiel: „Aufgrund meiner Arbeitszeit bis 17 Uhr kann ich Termine wochentags ab 17:30 Uhr oder am Wochenende jederzeit wahrnehmen.“

Bitte um einen Einzeltermin statt Massenbesichtigung

Bei großer Nachfrage laden viele Vermieter zu einer Sammelbesichtigung ein, bei der zwanzig oder mehr Interessenten gleichzeitig durch die Wohnung laufen. In so einem Gedränge ist es fast unmöglich, einen persönlichen Eindruck zu hinterlassen – du bist nur einer von vielen.

Deshalb mein Tipp: Frag in deiner Nachricht höflich nach einem Einzeltermin. Formuliere es so, dass es für den Vermieter angenehm klingt, zum Beispiel: „Falls es Ihnen möglich ist, würde ich mir die Wohnung gerne in einem kurzen Einzeltermin ansehen – ich richte mich dabei ganz nach Ihrer Zeit." Viele Vermieter schätzen ernsthafte Interessenten und gehen darauf ein. Klappt es nicht und es bleibt bei der Sammelbesichtigung, ist das auch machbar – wie du dort trotzdem auffällst, liest du im nächsten Kapitel.

Kläre offene Fragen – aber nur die wirklich offenen

Neben dem Terminwunsch gibt es manchmal noch offene Fragen. Hast du Muss-Kriterien, die aus der Anzeige nicht hervorgehen, frag ruhig nach – etwa ob Haustiere erlaubt sind oder ob es einen Stellplatz gibt. Stell aber sicher, dass die Antwort nicht längst in der Anzeige steht. Sonst entsteht genau der Eindruck, den wir oben vermeiden wollten: dass du nicht richtig gelesen hast.

Hab Geduld

Auf eine Wohnung kommen je nach Region und Zeitpunkt enorm viele Anfragen, die nicht alle sofort beantwortet werden können. Manchmal muss der Vermieter sich erst einen Überblick verschaffen oder vorab mit dem aktuellen Mieter klären, wann Besichtigungen möglich sind. Es ist also völlig normal, wenn die Antwort etwas dauert. Schickst du alle paar Stunden eine neue Nachricht, riskierst du, den Vermieter zu nerven. Nach einer angemessenen Wartezeit (je nach Marktlage ein paar Tage bis eine Woche) darfst du aber höflich nach dem Stand fragen – das kann sogar positiv wirken und zeigt, dass du es ernst meinst.

Bleib auch bei einer Absage freundlich

Hab Verständnis dafür, dass nicht alle eine Zusage bekommen können – schließlich hätten so viele Menschen in der Wohnung gar keinen Platz. Egal, ob die Absage nach der Besichtigung, nach einem Telefonat oder direkt kommt: Bleib immer freundlich. Es kann gut sein, dass der Favorit des Vermieters kurzfristig abspringt – dann willst du positiv in Erinnerung geblieben sein, damit er noch einmal auf dich zukommt. Manche Vermieter haben außerdem mehrere ähnliche Wohnungen und ein gutes Namensgedächtnis. Wer nach einer Absage unfreundlich wird, hat es bei der nächsten Bewerbung schwerer.

Dein digitaler erster Eindruck: Profilbild und Co.

Heute läuft viel über WhatsApp, Messenger oder die Nachrichtenfunktion der Portale. Was viele unterschätzen: Auch hier entsteht sofort ein erster Eindruck – noch bevor der Vermieter deine Nachricht überhaupt liest.

Wenn du dem Vermieter deine Handynummer gibst und er dir auf WhatsApp schreibt, sieht er in der Regel dein Profilbild. Ein freundliches, seriöses Foto von dir schafft Nähe und Vertrauen und macht dich von einer anonymen Nummer zu einem echten Menschen. Genau dieses Vertrauen brauchst du, damit sich der Vermieter für dich entscheidet.

So machst du es richtig

Zeig dein Gesicht: Ein sympathisches, gut belichtetes Foto, auf dem man dich klar erkennt, wirkt offen und ehrlich. Eine leere Silhouette oder ein Spaß-Bild lässt dich dagegen schwer einschätzen.

Wähle ein passendes Motiv: Lieber ein ruhiges Porträt als ein Partyfoto. Du musst nicht gestellt wirken, aber das Bild sollte zu einem ernst gemeinten Anliegen passen.

Prüfe deine Sichtbarkeit: In den WhatsApp-Einstellungen

kannst du festlegen, wer dein Profilbild sieht. Steht es auf „Niemand“, sieht der Vermieter nichts. Für die Wohnungssuche ist „Jeder“ oder zumindest „Meine Kontakte“ sinnvoll – du kannst es danach wieder ändern.

Achte auf deinen Status und Namen: Auch ein eingestellter Name und ein knapper, seriöser Status zahlen auf das Gesamtbild ein.

Das mag wie eine Kleinigkeit klingen. Aber gerade wenn sich viele Interessenten kaum unterscheiden, können solche Details den Ausschlag geben. Ein vertrauenswürdiger digitaler Auftritt kostet dich nichts und erhöht deine Chancen.

Ein Beispiel für ein gutes Anschreiben

Damit du ein Gefühl dafür bekommst, wie all das zusammenkommt, hier ein Beispiel. Sieh es als Vorlage, die du mit deinen eigenen Angaben füllst – kopiere sie bitte nicht wörtlich:

Musteranfrage

Sehr geehrter Herr Mayer,

mein Name ist Sabine Schmidt, ich bin 30 Jahre alt. Derzeit wohne ich in einer WG, suche aber nun eine eigene Wohnung. Ihre Anzeige ist mir dabei sehr positiv aufgefallen. Besonders wichtig sind mir ein Balkon oder eine Terrasse sowie ein Stellplatz. Da Ihre Wohnung beides bietet und mir auch Grundriss und Lage sehr zusagen, bin ich überzeugt, dass ich Ihrem Wunsch nach einem langfristigen Mietverhältnis gut entsprechen kann.

Ich bin seit rund zwei Jahren unbefristet bei der Firma ABC als Industriekauffrau angestellt. In meiner Freizeit mache ich viel Sport und bin überzeugte Nichtraucherin. Haustiere habe ich keine und ich würde die Wohnung allein beziehen.

Über einen Besichtigungstermin würde ich mich sehr freuen. Unter der Woche kann ich täglich ab 16 Uhr, am Wochenende jederzeit. Gerne erreichen Sie mich auch telefonisch unter 0171 1112233.

Mit freundlichen Grüßen,

Sabine Schmidt

Und weil eine Familie ganz andere Dinge betonen sollte als ein Single, hier noch ein zweites Beispiel – diesmal für ein Paar mit Kind.

Musteranfrage (Familie)

Guten Tag Frau Huber,

wir, Familie Berger, interessieren uns sehr für Ihre 4-Zimmer-Wohnung in der Gartenstraße. Wir sind ein Ehepaar (36 und 38 Jahre) mit unserer 6-jährigen Tochter, die im September eingeschult wird – die Nähe zur Grundschule passt für uns daher perfekt.

Mein Mann ist unbefristet als Maschinenbautechniker angestellt, ich arbeite in Teilzeit im Büro. Gemeinsam liegt unser Einkommen bei rund dem Dreifachen der Warmmiete. Wir sind Nichtraucher, ruhig und an einem langfristigen Zuhause für unsere Familie interessiert.

Den Grundriss haben wir uns genau angesehen, er passt sehr gut zu uns. Eine Mieterselbstauskunft sowie Einkommensnachweise bringen wir gerne zum Besichtigungstermin mit.

Termine sind bei uns werktags ab 15 Uhr und am Wochenende jederzeit möglich. Sie erreichen uns telefonisch unter 0160 7654321. Wir würden uns sehr über eine Einladung freuen.

Mit freundlichen Grüßen,

Susanne & Thomas Berger

Diese Fehler kosten dich die Wohnung

Zum Abschluss dieses Kapitels die häufigsten Fehler, die ich als Vermieterin immer wieder sehe – und die dich fast garantiert eine Einladung kosten:

- Die Ein-Wort-Nachricht: „Interesse." – mehr nicht. Solche Anfragen lösche ich sofort. Auch wenn es etwas ausführlicher ist wie „Will die Wohnung mieten".
- Der falsche oder fehlende Name: Eine kopierte Nachricht mit dem Namen des letzten Vermieters ist schlimmer als gar kein Name.
- Die Fragen-Lawine: Eine Flut von Fragen, die alle schon in der Anzeige beantwortet sind. Das zeigt nur, dass nicht gelesen wurde. Auch die Frage „noch verfügbar?“ erhalte ich oft. Meistens antworte ich genauso kurz: mit einem simplen „ja“ (und denke mir: deswegen ist die Anzeige ja noch online). Ich weiß aber von anderen Vermietern, dass sie auch diese Frage einfach ignorieren und sich auf die guten Anfragen konzentrieren.
- Das große Jammern: Eine lange Klage über die alte Wohnung oder die eigene Notlage weckt Mitleid, aber selten Vertrauen.
- Nachrichten im Sekundentakt: Jeder Satz als einzelne Nachricht – und dann alle zwei Stunden nachgehakt. Das nervt und wirkt verzweifelt.

- Keine Erreichbarkeit: Wer keine Telefonnummer und keine Zeiten nennt, macht es dem Vermieter unnötig schwer – und der nimmt dann lieber den nächsten Bewerber.

Welche Unterlagen du brauchst

Im nächsten Kapitel über den Besichtigungstermin empfehle ich dir, Unterlagen zur Besichtigung mitzubringen. Damit du dich darauf vorab vorbereiten kannst, widmen wir uns in diesem Kapitel zunächst den jeweiligen Dokumenten. Sie sind sehr wichtig und viele Suchende werden dabei unsicher. Deshalb erkläre ich dir hier jedes einzelne genauer: was es ist, wofür der Vermieter es braucht und worauf du achten solltest. Du musst nicht alles vorlegen – aber je vollständiger und ordentlicher deine Unterlagen sind, desto vertrauenswürdiger wirkst du.

Ein genereller Hinweis vorweg: Gib immer nur Kopien aus der Hand, niemals Originale, und reiche deine Unterlagen nicht auf einem USB-Stick weiter (mehr dazu im Kapitel zur Besichtigung). Bündle alles am besten in einer ordentlichen Bewerbungsmappe oder einem Schnellhefter.

Die Mieterselbstauskunft

Die Mieterselbstauskunft ist eines der wichtigsten Dokumente überhaupt. Sie gibt dem Vermieter auf einen Blick den besten Überblick über dich – und mit deiner Unterschrift bestätigst du, dass deine Angaben stimmen, wie etwa dass kein Insolvenzverfahren gegen dich läuft und dass keine Mietschulden bestehen.

Typischerweise enthält sie folgende Angaben:

- Name, Geburtsdatum und aktuelle Anschrift
- Beruf und Arbeitgeber sowie Art des Arbeitsverhältnisses
- Kontaktdaten des derzeitigen Vermieters
- Monatliches Nettoeinkommen
- Zahl der einziehenden Personen und Haustiere
- Raucher/Nichtraucher
- Erklärungen dazu, dass kein Insolvenzverfahren läuft, keine Pfändungen ausstehen und keine Mietschulden bestehen
- Information darüber, ob Sozialleistungen bezogen werden für die Zahlung der Miete oder der Kaution

Tipp: Manchmal schickt dir der Vermieter oder Makler vorab ein eigenes Formular zu – zum Beispiel zusammen mit der Bestätigung des Besichtigungstermins. Verwende dann unbedingt genau dieses Dokument. Das hilft dem Vermieter, weil er alle Bewerbungen in einheitlicher Form vergleichen kann. Hast du keine Vorlage bekommen, findest du kostenlose Formulare zum Herunterladen im Internet (z. B. bei Mietervereinen oder großen Immobilienportalen).

Personalausweis (Kopie)

Eine Kopie deines Personalausweises – von Vorder- und Rückseite – weist deine Identität nach. Statt des Personalausweises ist auch ein Reisepass möglich; da auf ihm keine Adresse steht, legst du am besten zusätzlich eine Meldebescheinigung bei. Ebenso kann ein Aufenthaltstitel als Identitätsnachweis dienen.

Besonders bei Maklern und Firmen als Vermieter ist der Ausweis wichtig: Sie sind nach dem Geldwäschegesetz verpflichtet, die Identität ihrer Vertragspartner zu prüfen und müssen sich den Ausweis deshalb zeigen lassen. Das ist also kein Misstrauen dir gegenüber, sondern gesetzliche Pflicht.

Bonitätsnachweis (SCHUFA-Auskunft)

Der Bonitätsnachweis zeigt dem Vermieter, dass du deine Zahlungen zuverlässig geleistet hast. Weil dieses Thema so wichtig ist und für die meisten Mietsuchenden viele Fragen aufwirft, habe ich ihm ein eigenes, ausführliches Kapitel gewidmet – du findest es direkt im Anschluss („Deine SCHUFA und Bonität"). Dort erfährst du, welche Auskunft sich zum Vorzeigen eignet, wie du sie bekommst und wie du deinen Wert verbessern kannst.

Arbeitsvertrag

Der Arbeitsvertrag belegt, dass dein Arbeitsverhältnis tatsächlich besteht. Vor allem zeigt er, ob du unbefristet angestellt und nicht mehr in der Probezeit bist – beides gibt dem Vermieter Sicherheit, dass dein Einkommen dauerhaft fließt. Besonders relevant ist er, wenn du noch keine drei Gehaltsabrechnungen vorlegen kannst, etwa weil du den Job gerade erst angetreten hast.

Gehalts- beziehungsweise Einkommensnachweis

Üblich sind die Gehaltsabrechnungen der letzten drei Monate. Sie zeigen dem Vermieter dein tatsächliches, regelmäßiges Einkommen – und daran prüft er, ob die Faustregel erfüllt ist: Das Nettoeinkommen sollte etwa dreimal so hoch sein wie die Warmmiete.

Bescheinigung über Mietschuldenfreiheit

Mit dieser Bescheinigung bestätigt dein aktueller Vermieter, dass du die Miete bisher immer zuverlässig und pünktlich gezahlt hast. Das ist ein starker Vertrauensbeweis. Es gibt aber Situationen, in denen sie schwierig oder nicht nötig ist:

- Du willst noch nicht, dass dein Vermieter von deinem Auszug erfährt: Dann kannst du die Bescheinigung weglassen oder erst anfordern, wenn es konkret wird – also nicht schon zur ersten Besichtigung. Alternativ kannst du Kontoauszüge beilegen, auf denen erkennbar ist, dass du in den letzten Monaten regelmäßig Miete gezahlt hast. Schwärze dabei alle anderen Kontobewegungen – die gehen den möglichen Vermieter nichts an – oder filtere so, dass nur die Mietzahlungen sichtbar sind. Im Idealfall ist im Verwendungszweck erkennbar, dass es sich bei den Überweisungen um die Mietzahlungen handelt

- Du ziehst von zu Hause aus oder vom Eigentum in eine Mietwohnung: Wenn du bisher keine Miete gezahlt hast (zum Beispiel, weil du bei den Eltern oder im Eigentum gewohnt hast, etwa nach einer Trennung), schreib einfach ein paar Zeilen dazu – eine kurze Begründung, warum du keine Mietschuldenfreiheit vorlegen kannst. Das zeigt, dass die Bewerbung gut durchdacht ist und du weißt, dass das für den Vermieter eine relevante Information ist.
- Dein Vermieter hat dir gekündigt (z. B. wegen Eigenbedarf): Dann ist der aktuelle Vermieter oft besonders hilfsbereit und stellt dir die Bescheinigung gerne aus. Sprich offen mit ihm.

Polizeiliches Führungszeugnis (optional)

Ein polizeiliches Führungszeugnis ist kein Muss – die meisten Vermieter verlangen es nicht. Wenn du es aber freiwillig beilegst, kommt das oft sehr gut an, weil es zusätzliches Vertrauen schafft. Das Führungszeugnis listet etwaige Vorstrafen auf (ein „sauberes" Zeugnis enthält keine Einträge). Du beantragst es bei deiner Stadt oder dem Bürgeramt, wahlweise auch online über das Portal des Bundesamts für Justiz; per Post dauert es in der Regel ein bis zwei Wochen. Plane diese Zeit ein, wenn du es nutzen möchtest.

Nachweis über eine Haftpflichtversicherung

Eine private Haftpflichtversicherung springt ein, wenn du versehentlich einen Schaden verursachst – zum Beispiel einen Wasserschaden. Manche Vermieter (ich gehöre dazu) setzen eine Haftpflichtversicherung voraus und nehmen sogar in den Mietvertrag auf, dass während des gesamten Mietverhältnisses eine bestehen muss. Aber auch wenn es nicht verlangt wird, ist es ein großer Pluspunkt, eine solche Versicherung nachzuweisen: Du zeigst damit, dass du mitdenkst und verantwortungsbewusst bist.

Wohnberechtigungsschein (falls nötig)

Möchtest du eine öffentlich geförderte Wohnung mieten, brauchst du einen Wohnberechtigungsschein. Mehr dazu findest du im Kapitel über die Sonderfälle. Hast du einen, leg ihn deinen Unterlagen bei – für geförderte Wohnungen ist er Voraussetzung.

Deine SCHUFA und Bonität

Kaum etwas verunsichert Wohnungssuchende so sehr wie das Wort „SCHUFA". Dabei ist die Sache halb so wild, wenn du sie einmal verstanden hast. Weil fast jeder Vermieter heute einen Nachweis über deine Zahlungszuverlässigkeit sehen möchte, lohnt es sich, dieses Thema in Ruhe anzugehen – am besten gleich zu Beginn deiner Wohnungssuche.

Was ist die SCHUFA überhaupt?

Die SCHUFA ist die bekannteste deutsche Auskunftei. Sie sammelt Daten darüber, wie zuverlässig Menschen ihren Zahlungsverpflichtungen nachkommen – zum Beispiel zu Bankkonten, Krediten, Handyverträgen oder Ratenkäufen.

Daraus berechnet sie einen sogenannten Score – einen Wert, der angibt, wie wahrscheinlich du deine Rechnungen pünktlich zahlst. Je höher der Score, desto besser. Vermieter nutzen diese Auskunft, um abzuschätzen, ob die Miete bei dir zuverlässig fließt. Neben der SCHUFA gibt es weitere Auskunfteien wie CRIF oder Creditreform, die ähnlich arbeiten.

Welche Auskunft brauchst du für den Vermieter?

Bezüglich der Bonitätsauskunft ist es wichtig, zwei Dinge zu unterscheiden, die oft verwechselt werden:

- Die kostenlose Datenkopie: Einmal im Jahr hast du das Recht, eine Kopie aller über dich gespeicherten Daten zu erhalten (nach der Datenschutz-Grundverordnung). Sie ist sehr ausführlich und vor allem dafür gedacht, dass du selbst prüfst, was gespeichert ist. Zum Vorzeigen beim Vermieter ist sie weniger geeignet – sie enthält viele interne Details und ist unübersichtlich.
- Die Bonitätsauskunft zum Vorzeigen: Daneben gibt es eine kompakte, kostenpflichtige Auskunft (oft „Bonitäts-Check" genannt), die genau für Vermieter gemacht ist. Sie kostet derzeit rund 30 Euro (Juni 2026), zeigt nur das Nötige und macht einen ordentlichen Eindruck.

Tipp:
Fordere früh, am besten Wochen vor der Suche, deine kostenlose Datenkopie an und prüfe sie in Ruhe. Für die Bewerbung selbst besorgst du dir anschließend die kompakte Bonitätsauskunft. So bist du vorbereitet und musst nicht in letzter Minute hektisch suchen.

Deine Daten prüfen und Fehler korrigieren

Auskunfteien machen Fehler. Es kommt häufiger vor, als du denkst, dass dort veraltete oder schlicht falsche Einträge stehen – ein längst bezahlter Vertrag, eine Forderung, die gar nicht deine ist, oder eine alte Adresse. Solche Fehler können deinen Score unnötig drücken. Deshalb lohnt sich der Blick in die Datenkopie doppelt: Findest du einen falschen Eintrag, kannst du seine Korrektur oder Löschung verlangen. Das ist dein gutes Recht und kostet nichts.

Was deinen Score beeinflusst – und was du tun kannst

Du bist deinem Score nicht hilflos ausgeliefert. Ein paar einfache Gewohnheiten helfen:

- Zahle Rechnungen, Raten und Mieten pünktlich – das ist der wichtigste Faktor.

- Vermeide unnötig viele Konten, Kreditkarten und Ratenkäufe gleichzeitig.
- Kündige Konten und Karten, die du nicht mehr brauchst, ordentlich.
- Sei sparsam mit Ratenkäufen („0-%-Finanzierung") – auch sie tauchen auf.
- Halte deine Daten aktuell und korrigiere Fehler zügig.

Keine Panik bei schlechtem Score

Ein nicht perfekter Score ist kein Weltuntergang. Du kannst trotzdem punkten – etwa mit einem Nachweis über sicheres Einkommen, einer Bürgschaft der Eltern oder einer Bescheinigung über Mietschuldenfreiheit deines bisherigen Vermieters.

Ehrlichkeit kommt dabei besser an als Verstecken: Sprich offen an, wenn es in der Vergangenheit einmal einen Engpass gab, der längst gelöst ist.

Beim Besichtigungstermin überzeugen

Glückwunsch – dein Anschreiben hat dir eine Einladung zur Besichtigung eingebracht. Jetzt zählt der persönliche Eindruck. In diesem Kapitel zeige ich dir, wie du auch dort überzeugst.

Damit du eine Vorstellung bekommst, wie ein gelungener Termin abläuft, hier der rote Faden: Du kommst ein paar Minuten vor Terminbeginn an und wartest entspannt vor dem Haus. Beim Eintreffen begrüßt du den Vermieter (und einen eventuell anwesenden Mieter) freundlich mit Handschlag und vollem Namen. Du fragst, ob du die Schuhe ausziehen sollst, und siehst dir dann in Ruhe die Wohnung an. Dabei stellst du ein paar überlegte Fragen und achtest auf den Zustand der Wohnung. Zeigt sie sich von ihrer guten Seite und passt zu dir, signalisierst du klares Interesse, übergibst – wenn du möchtest – deine Unterlagen und klärst, wie es weitergeht. Zum Schluss verabschiedest du dich freundlich und bedankst dich für die Zeit. Klingt einfach? Ist es auch – wenn du die folgenden Punkte beachtest.

So könnte deine kurze Vorstellung klingen

„Guten Tag, Frau Müller, schön, Sie kennenzulernen – ich bin Thomas Berger, wir hatten ja schon kurz telefoniert. Vielen Dank, dass Sie sich die Zeit nehmen. Die Lage gefällt mir schon mal sehr gut.“

Ein, zwei freundliche Sätze wie diese nehmen die Anspannung und sorgen sofort für eine angenehme Gesprächsatmosphäre.

Sag zu und bestätige den Termin schriftlich

Wirst du zu einer Besichtigung eingeladen, bestätige den Termin am besten kurz schriftlich – auch dann, wenn ihr ihn telefonisch ausgemacht habt. Schreib eine kurze Nachricht über das Portal oder per E-Mail. Nenne dabei auch, wie viele Personen kommen und wer das ist – selbst wenn deine Eltern zum Beispiel nur zur Unterstützung mitkommen und gar nicht einziehen werden. So weiß der Vermieter, wen er erwartet und du wirkst verbindlich und gut organisiert.

Beispiel für eine kurze Bestätigung

Vielen Dank für das nette Telefonat und die Einladung zum Besichtigungstermin am 14. Mai um 17:30 Uhr, den ich hiermit gerne bestätige. Mein Partner Thomas Berger und ich, Susanne Berger, werden gemeinsam kommen.

Kläre vorab den Treffpunkt

Frage bei der Terminvereinbarung, wo ihr euch trefft. Vor dem Haus? Oder sollst du bei einem bestimmten Namen klingeln und direkt zur Wohnungstür kommen? Ist das geklärt, musst du nicht erst suchen, bist sicherer und damit entspannter.

Sei pünktlich – plane Puffer ein

Weil die Nachfrage meist groß ist und ich vielen die Chance auf einen Termin geben möchte, sind meine Besichtigungen oft eng getaktet. Damit der Plan hält, lege ich großen Wert auf Pünktlichkeit. Aber auch bei Sammelterminen und bei entspanntem Markt gilt: Pünktlichkeit macht immer einen guten Eindruck.

Schau dir vorher an, wo die Wohnung liegt und wie lange du brauchst. Kommst du mit dem Auto, prüfe außerdem, wo du parken kannst und wie viel Zeit du vom Parkplatz zur Wohnung einplanen musst. Plane immer etwas Puffer ein, besonders zur Hauptverkehrszeit. Merkst du trotzdem, dass es knapp wird, gib dem Vermieter so früh wie möglich Bescheid – so wirkst du verlässlich und er kann umdisponieren. Kannst du gar nicht kommen, sag kurz ab und teile mit, ob du an einem neuen Termin interessiert bist. Bist du dagegen zu früh dran, nutze die Zeit für einen kleinen Spaziergang und lerne die Umgebung kennen.

Achte auf einen gepflegten Auftritt

Weil dem Vermieter beim Termin nur wenig Zeit bleibt, dich kennenzulernen, ist der erste Eindruck entscheidend. Verstell dich nicht – sei du selbst. Trotzdem solltest du bewusst auf ein ordentliches, gepflegtes Outfit achten. Etwas schicker darf es ruhig sein: lieber eine Jeans als die Jogginghose. Übertreiben musst du beim Styling aber nicht.

Wer ist eigentlich dein Gegenüber?

Mach dir vor dem Termin bewusst, mit wem du es zu tun hast. Ist es der Eigentümer (also dein möglicher Vermieter), ein Makler oder vielleicht der aktuelle Mieter, der die Wohnung zeigt? Oft sind auch mehrere Personen anwesend. Schau dir am besten vorher noch einmal den Chat- oder Mailverlauf an, um die Namen parat zu haben. Wenn du dir nicht sicher bist, wer wer ist, frag einfach freundlich nach – das ist völlig in Ordnung und wirkt aufmerksam.

Begrüße freundlich und höflich

Da viele Vermieter in kurzer Zeit etliche Termine haben, kennen sie längst nicht alle Namen auswendig. Eine kurze Vorstellung ist deshalb sinnvoll. Gib die Hand, schau mit einem freundlichen Lächeln in die Augen und nenne deinen vollen Namen – und vielleicht ein, zwei Sätze zu dem, was ihr schon besprochen habt, etwa wenn ihr vorher telefoniert habt.

Neben Freundlichkeit achte ich immer auf Höflichkeit. Ist zum Beispiel der aktuelle Mieter anwesend, sollte es selbstverständlich sein, auch ihn zu begrüßen. Bei schlechtem Wetter ziehst du die Schuhe natürlich aus. Aber auch bei trockenem Wetter macht es einen guten Eindruck, vor dem Betreten zu fragen, ob du die Schuhe ausziehen sollst. Denk deshalb vorher an ordentliche Socken ohne Löcher.

Wenn Kinder mitkommen

Wenn du deine Kinder zur Besichtigung mitbringst, hilft vor allem eines: gute Vorbereitung. Wer den Ablauf kennt, ist selbst ruhiger – und das überträgt sich auf die Kinder. Sag dem Vermieter schon bei der Terminvereinbarung Bescheid, dass Kinder mitkommen und nenne ruhig ihr Alter. Viele

Vermieter (ich zum Beispiel) haben dann gerne eine Kleinigkeit für die Kinder bereit, etwa Luftballons – aber das kann ich nur vorbereiten, wenn ich es vorher weiß.

Stell die richtigen Fragen

Während der Besichtigung kannst du alle Fragen zur Wohnung und zum möglichen Mietverhältnis stellen. So bekommst du die Antworten, die du für deine Entscheidung brauchst und zeigst zugleich ernsthaftes Interesse. Gerade bei Sammelterminen ist es wichtig, dass du das Gespräch suchst und dich bemerkbar machst, damit du positiv in Erinnerung bleibst.

Lies das Inserat vorher noch einmal, damit du nicht erneut Dinge fragst, die dort schon stehen. Typische, sinnvolle Fragen sind zum Beispiel:

- Gibt es einen Waschkeller oder wo ist der Waschmaschinenanschluss?
- Gibt es einen Fahrradkeller, ein eigenes Kellerabteil oder ein Dachbodenabteil – und kann ich das sehen?
- Gibt es einen Hausmeisterdienst? Wie sind Müllentsorgung, Treppenhausreinigung und Schneeräumen geregelt?
- Wie ist die Nachbarschaft, wer wohnt sonst noch im Haus?

- Welche Parkmöglichkeiten, Bushaltestellen, Einkaufsmöglichkeiten oder Spielplätze gibt es in der Nähe?

Hast du Möbel, die mitkommen sollen, achte darauf, ob sie Platz finden und frag nach den Raummaßen. In so einem Fall kann es sich lohnen, einen Zollstock mitzunehmen und höflich zu fragen, ob du kurz ausmessen darfst.

Frag auch nach dem Einzugstermin. Nennt der Vermieter ein Datum, das zu dir passt, sag das unbedingt – das kann ein kleiner Pluspunkt sein. Bist du flexibel, erwähne auch das. Ich freue mich immer über Interessenten, deren Wünsche sich mit meinen decken.

Und noch ein Tipp, was mir schon mehrfach positiv aufgefallen ist: Ich wurde schon öfters gefragt, worauf ich bei der Auswahl Wert lege. Solche Gespräche sind mir fast immer positiv in Erinnerung geblieben – also trau dich ruhig.

Lass dich durch die Wohnung führen

Orientiere dich bei der Besichtigung am Vermieter. Meist hat er eine bestimmte Reihenfolge, wie er dich durch die Wohnung führen möchte. Halte dich daran und renne nicht einfach los, um auf eigene Faust in alle Räume zu schauen – es sei denn, er bittet dich ausdrücklich, dich selbst umzusehen. Möchtest du nach dem gemeinsamen Rundgang noch einmal in einen bestimmten Raum, sag das ruhig. Der Vermieter freut sich, wenn jemand sich Gedanken macht, sich Zeit nimmt und die Besichtigung ernst nimmt.

Schau dir die Wohnung genau an

Bei aller Aufregung um den guten Eindruck solltest du nicht vergessen, worum es eigentlich geht: Du willst herausfinden, ob die Wohnung wirklich zu dir passt. Nimm dir also die Zeit, genau hinzusehen. Achte zum Beispiel auf folgende Dinge:

- Feuchtigkeit und Schimmel: Schau in die Ecken, hinter Möbel und in die Bäder. Dunkle Flecken, abblätternde Farbe oder ein muffiger Geruch sind Warnzeichen.
- Fenster und Heizung: Schließen die Fenster dicht? Sind die Heizkörper in jedem Raum vorhanden und in Ordnung? Das wirkt sich stark auf die Heizkosten aus.
- Wasser und Bad: Dreh ruhig einen Wasserhahn auf – kommt das Wasser zügig und mit gutem Druck? Funktioniert die Spülung?
- Strom und Internet: Gibt es genug Steckdosen an den richtigen Stellen? Frag nach, welche Internetgeschwindigkeit im Haus verfügbar ist.
- Lärm: Hörst du die Straße, die Nachbarn oder die Bahn? Ein kurzer Moment Stille bei der Besichtigung verrät viel.

- Handyempfang: Schau unauffällig auf dein Handy – in manchen Wohnungen ist der Empfang überraschend schlecht.
- Lichtverhältnisse: In welche Himmelsrichtung gehen die Fenster? Eine Wohnung kann bei Sonnenschein völlig anders wirken als an einem grauen Tag.

Entdeckst du einen kleinen Mangel, ist das kein Grund zur Absage – aber sprich ihn freundlich an. Bestehende Schäden solltest du dir beim Einzug unbedingt im Übergabeprotokoll festhalten lassen, damit sie dir beim Auszug nicht angelastet werden.

Bring deine Unterlagen mit

Ich habe es gern, wenn jemand vorbereitet zur Besichtigung kommt und gleich die Unterlagen dabei hat, die mir bei der Auswahl und der späteren Vertragsvorbereitung helfen. Besonders wertvoll ist die Mieterselbstauskunft – damit bekomme ich alle wichtigen Informationen über dich auf einen Blick.

Das Mitbringen ist selbstverständlich freiwillig. Aber unter vielen Bewerbern kann genau das den entscheidenden Unterschied machen. Manche Vermieter verlangen Selbstauskunft oder Gehaltsnachweis schon vorab – das ist nach der herrschenden Rechtsauffassung genau genommen nicht zulässig. Üblich und korrekt ist, dass beim oder nach dem Termin danach gefragt wird. Hast du nichts dabei, ist das kein schlechter Eindruck. Aber wer vorbereitet ist und gleich alles übergeben kann, punktet umso mehr. Folgende Unterlagen (als Kopie) helfen dem Vermieter:

- Mieterselbstauskunft
- Personalausweis (Kopie)
- Bonitätsnachweis (SCHUFA-Auskunft)
- Arbeitsvertrag
- Gehalts- beziehungsweise Einkommensnachweis (die letzten drei Monate)
- Bescheinigung über Mietschuldenfreiheit des aktuellen Vermieters
- Gegebenenfalls polizeiliches Führungszeugnis
- Nachweis über Haftpflichtversicherung
- Wohnberechtigungsschein (falls vorhanden und für die Wohnung nötig)

Übergib deine Unterlagen aber nicht sofort beim Eintreten. Sieh dir erst in Ruhe die Wohnung an. Hast du danach weiterhin Interesse, kannst du sie aushändigen. Merkst du dagegen schon bei der Besichtigung, dass die Wohnung nichts für dich ist, gibt es keinen Grund, deine persönlichen Daten preiszugeben – dann nimmst du die Unterlagen einfach wieder mit.

Heb dich mit einer Bewerbungsmappe ab

Viele Interessenten sind heute vorbereitet. Wie also auffallen? Ich hatte schon Bewerber, die sich richtig gut in meine Lage hineinversetzt haben. Sie wussten, dass ich mir bei vielen Terminen unmöglich alle Gesichter merken kann. Deshalb haben sie mir zusätzlich ein Übersichtsblatt mit einem Foto von sich und ein paar Sätzen zur Vorstellung gegeben. Genau die habe ich mir gemerkt und sofort auf die Favoritenliste gesetzt.

Die Form ist ganz dir überlassen. Du kannst deiner Selbstauskunft einfach ein Foto anhängen. Oder du stellst eine vollständige Bewerbungsmappe zusammen – mit einem Titelblatt, einem Foto und einer kurzen Vorstellung, gefolgt von den oben genannten Unterlagen. Das Ziel: Du hebst dich von den anderen ab und bleibst im Gedächtnis.

Achte darauf, dass alles ordentlich aussieht: keine Eselsohren, keine Kaffeeflecken. Eine Bewerbungsmappe oder ein Schnellhefter hält die Unterlagen sauber und macht gleich einen professionellen Eindruck.

So könntest du deine Bewerbungsmappe aufbauen:

- Titelblatt: ein freundliches Foto von dir (oder euch), dein Name und eine knappe Überschrift wie „Bewerbung um Ihre Wohnung in der Gartenstraße“.
- Kurze Vorstellung: drei, vier Sätze zu dir – Beruf, Lebenssituation, warum gerade diese Wohnung passt und dass du langfristig mieten möchtest.
- Deine Kontaktdaten: Wo wohnst du jetzt und wie kann dich der Vermieter erreichen?
- Mieterselbstauskunft: Vollständig und ehrlich ausgefüllt.

- Nachweise: Arbeitsvertrag, Einkommensnachweise, Bonitätsauskunft, Kopie des Ausweises, ggf. eine Bescheinigung über Mietschuldenfreiheit.

Bereite am besten gleich zwei bis drei Exemplare deiner Mappe vor und nimm sie zu jeder Besichtigung mit. So kannst du sie bei echtem Interesse direkt überreichen – ein starkes Signal, dass du es ernst meinst und gut vorbereitet bist. Eine ordentliche Mappe bleibt im Gedächtnis, lange nachdem die anderen Interessenten wieder weg sind.

Gib deine Unterlagen nicht auf einem USB-Stick weiter

Es mag praktisch wirken, alle Dokumente auf einem USB-Stick zu sammeln und diesen zu übergeben oder zuzuschicken. Tu das bitte nicht – aus zwei Gründen.

Schutz deiner Daten: Auf so einem Stick liegen sehr sensible Daten gebündelt – Ausweiskopie, Gehaltsnachweise, SCHUFA, Unterschrift. Geht der Stick verloren oder wird er weitergereicht, hast du keinerlei Kontrolle mehr darüber, wer alles Zugriff bekommt. Bei Papier oder einer gezielt versendeten Datei behältst du den Überblick.

Misstrauen beim Vermieter: Kaum jemand steckt heute einen fremden USB-Stick in seinen Computer – aus gutem

Grund, denn darüber kann Schadsoftware übertragen werden. Ein Vermieter wird deinen Stick im Zweifel gar nicht öffnen. Statt zu helfen wirkt das eher seltsam.

Besser ist es, die Unterlagen ordentlich ausgedruckt in einer Mappe zu übergeben oder – wenn digital gewünscht – als PDF per E-Mail oder über das Bewerberportal des Anbieters zu schicken.

Klärt am Ende, wie es weitergeht

Besprich zum Schluss ganz klar, wie es weitergeht: Wie wollt ihr verbleiben? Wer meldet sich wann bei wem und auf welchem Weg? Gefällt dir die Wohnung gar nicht, trau dich das offen und ehrlich zu sagen – das spart allen Zeit. Möchtest du dagegen erst mit deinem Partner sprechen, dich von Familie oder Freunden beraten lassen oder eine Nacht darüber schlafen, vereinbare am besten gleich, dass du dich am Folgetag meldest. Und wenn du dir schon vorher überlegt hast, was dir wichtig ist und alles passt, kannst du sogar direkt zusagen. Mach dann deutlich, dass du die Wohnung möchtest und nun auf die Rückmeldung des Vermieters wartest – und frag, bis wann du mit einer Antwort rechnen kannst.

Wichtig: Sicher ist es erst mit der Unterschrift

Sei dir bewusst, dass es für jede Wohnung mehrere Interessenten gibt und der Vermieter meist mehrere Besichtigungen durchführt. Ich habe es schon oft erlebt, dass Interessenten mir nach der Besichtigung zugesagt haben und dann fest davon ausgingen, die Wohnung damit automatisch sicher zu haben. Einige hatten daraufhin sogar schon ihre alte Wohnung gekündigt – und waren verständlich enttäuscht, als ich mich für jemand anderen entschieden habe. Deshalb der wichtigste Merksatz: Erst wenn der Mietvertrag unterschrieben ist, ist sicher, dass du in die Wohnung einziehen kannst. Kündige deine alte Wohnung also nicht, bevor der neue Vertrag unterschrieben ist.

Besonderheiten und Sonderfälle

Manche Situationen brauchen ein paar besondere Hinweise. Vielleicht ist deine dabei – dann findest du hier die passenden Tipps.

1-Zimmer-Apartment / Einpersonenhaushalt

Besonders in Studentenstädten sind kleine Apartments sehr beliebt. Vermieter haben hier oft viel Wechsel und jeder Wechsel bedeutet Aufwand. Deshalb suchen sie gern jemanden, der lange bleibt. Möchtest du das, sag es unbedingt. Um zusätzliche Sicherheit zu bieten, kannst du einen Kündigungsverzicht für einen bestimmten Zeitraum anbieten – das bedeutet, du verzichtest für eine vereinbarte Zeit auf dein Recht, den Vertrag zu kündigen. Danach geht alles in ein normales unbefristetes Mietverhältnis über.

Studierende

Studierende haben oft kein oder nur ein geringes Einkommen. Trotzdem will der Vermieter sicher sein, dass die Miete zuverlässig kommt. Vielleicht können deine Eltern eine Bürgschaft übernehmen? Selbst wenn ich als Vermieterin am Ende nicht darauf zurückgreife, macht es einen guten Eindruck, wenn du das schon in der Anfrage erwähnst –

dass deine Eltern dich unterstützen und im Bedarfsfall eine Bürgschaft unterschreiben.

Hast du vor dem Studium gearbeitet und etwas angespart, kannst du das ebenfalls erwähnen und statt einer Gehaltsabrechnung zum Beispiel einen Nachweis über dein Sparkonto beilegen. Und hast du eine Zusage über staatliche Unterstützung (etwa BAföG), nenne auch das – am besten gleich in der Mieterselbstauskunft, mit Bestätigung im Anhang.

Musterformulierung für Studierende

„Ich studiere im zweiten Semester Maschinenbau und suche eine langfristige Bleibe für die gesamte Studienzeit. Mein monatliches Einkommen aus Nebenjob und BAföG deckt die Miete; zusätzlich unterstützen mich meine Eltern und würden bei Bedarf eine Bürgschaft übernehmen. Einen entsprechenden Nachweis sowie eine Mieterselbstauskunft bringe ich gerne mit."

Wohngemeinschaft (WG)

Willst du zusammen mit Freunden eine WG gründen, klärt vorher, wie ihr das vertraglich gestaltet. Es gibt zwei Wege:

- Hauptmietvertrag mit Untermietverträgen: Eine Person unterschreibt den Hauptvertrag für die ganze Wohnung und vermietet die Zimmer per Untermietvertrag an die anderen weiter.

- Einzelne Zimmermietverträge: Jede Person schließt einen eigenen Vertrag direkt mit dem Vermieter ab.

Beide Varianten haben ihre Vor- und Nachteile. Bei einzelnen Zimmerverträgen ist jeder selbst für seine Miete verantwortlich und bekommt eine eigene Nebenkostenabrechnung. Beim Hauptmietvertrag haftet der Hauptmieter dafür, dass die volle Miete beim Vermieter ankommt – zahlt ein Untermieter nicht, bleibt das Problem beim Hauptmieter, nicht beim Vermieter.

Für den Vermieter ist der Hauptmietvertrag meist bequemer: ein Vertrag, eine Überweisung, eine Abrechnung. Für euch hat er den Vorteil, dass ihr flexibler seid. Zieht jemand aus, könnt ihr selbst einen neuen Mitbewohner bestimmen, der zu euch passt. Habt ihr dagegen einzelne Zimmerverträge und einer kündigt, kann der Vermieter das Zimmer an irgendjemanden weitervermieten – auch an jemanden, der euch vielleicht nicht sympathisch ist. Hier habt ihr in der Regel kein Mitspracherecht.

Habt ihr euch entschieden, sagt es dem Vermieter gleich zu Beginn. Beim Hauptmietvertrag muss die Zahl der Bewohner korrekt angegeben und die Untervermietung erlaubt sein. Für einzelne Verträge braucht der Vermieter meist etwas mehr Zeit, weil er sich auch ein Konzept für die Nebenkosten überlegen muss.

Alleinerziehende

Ich habe Wohnungen mit nur einem Schlafzimmer und einem Wohnzimmer, das zugleich Durchgang zum Schlafzimmer ist. Bekomme ich darauf eine Anfrage von Alleinerziehenden, bin ich zunächst skeptisch, weil ich befürchte, dass der Grundriss auf Dauer nicht passt und es nur eine Übergangslösung wäre. Ich frage dann meist nach, ob der fehlende zweite Raum bewusst ist und so in Ordnung geht.

Bist du in dieser Lage und trotzdem interessiert, hinterlässt du einen guten Eindruck, wenn du schon in der Anfrage schreibst, dass du den Grundriss gesehen hast, dass er für dich und dein Kind passt und dass du langfristig mieten möchtest. So nimmst du dem Vermieter die Unsicherheit.

Erkläre dem Vermieter außerdem, ob das Kind dauerhaft bei dir ist, oder ob du dir das Sorgerecht mit dem anderen Elternteil des Kindes teilst und es nur an bestimmten Tagen bei dir ist.

Mit Haustier

Wer ein Haustier hat, vor allem einen Hund, hat es oft schwerer. Viele Vermieter fürchten, dass durch deinen Hund Schäden entstehen – etwa an Bodenbelägen – oder dass Nachbarn sich wegen lauten Bellens beschweren. Deshalb wählen sie bei großer Auswahl an Interessenten lieber jemanden ohne Tier. Der Vermieter kennt deinen Hund ja nicht und kann nicht wissen, ob er stubenrein und folgsam ist. Diese Unsicherheit kannst du ihm nehmen:

- Biete an, die Kaution zu erhöhen, damit er für eventuelle Schäden mehr Sicherheit hat.
- Schlage eine Vereinbarung vor, in der du zusicherst, die Wohnung beim Auszug professionell reinigen zu lassen, sodass keine Tierhaare zurückbleiben.

- Liegt Echtholzparkett aus, könntest du anbieten, den Boden beim Auszug abschleifen zu lassen beziehungsweise die Kosten dafür zu übernehmen.
- Hast du eine Tierhalterhaftpflicht, erwähne sie und erkläre, was sie abdeckt – das ist vielen Vermietern gar nicht bewusst.
- Vielleicht stellt dir dein jetziger Vermieter eine Bestätigung aus, dass durch dein Tier keine Schäden entstanden sind?

Musterformulierung für Tierhalter

„Zu mir gehört ein kleiner, stubenreiner und ruhiger Hund. In meiner jetzigen Wohnung gab es nie Probleme oder Schäden – eine entsprechende Bestätigung meines aktuellen Vermieters lege ich gerne bei. Außerdem habe ich eine Tierhalterhaftpflicht. Falls es Ihnen Sicherheit gibt, biete ich gerne eine etwas höhere Kaution an.“

Selbstständige und Freiberufler

Bist du selbstständig oder freiberuflich tätig, fehlt dir der unbefristete Arbeitsvertrag, mit dem Angestellte punkten. Vermieter sind dann manchmal vorsichtig, weil das Einkommen schwanken kann. Diese Sorge kannst du ihnen nehmen, indem du Sicherheit zeigst: Lege deinen letzten Steuerbescheid und die betriebswirtschaftliche Auswertung

(BWA) deines Steuerberaters bei, die deine Einnahmen über mehrere Monate zeigt. Auch Kontoauszüge, die letzten Rechnungen, die du gestellt hast, oder der Nachweis eines finanziellen Polsters wirken beruhigend. Wenn du schon länger erfolgreich selbstständig bist, erwähne das ruhig – Beständigkeit ist dein bestes Argument.

Große Entfernung zum neuen Wohnort

Ein Umzug über große Entfernung bedeutet oft, dass du nicht spontan zu einem Termin unter der Woche kommen kannst. Wohnst und arbeitest du etwa in Hamburg und suchst in Ulm, sag das dem Vermieter gleich und teile mit, wann du vor Ort sein kannst. Hilfreich ist es auch, vorab ein Telefonat oder einen Videoanruf anzubieten, damit ihr euch schon einmal kennenlernt.

Wenn das Jobcenter die Miete übernimmt

Wird deine Miete vom Jobcenter übernommen, bist du als Mieter genauso willkommen wie jeder andere. Trotzdem zögern manche Vermieter – meist nur, weil sie unsicher sind und nicht genau wissen, wie das abläuft. Genau diese Unsicherheit kannst du ihnen nehmen, indem du gut informiert bist und offen erklärst, wie alles funktioniert.

Kurz zur Einordnung

Die Leistung heißt aktuell „Bürgergeld". Sie soll 2026 in „neue Grundsicherung" umbenannt werden (die Geldleistung in „Grundsicherungsgeld"); die rechtliche Grundlage, das Sozialgesetzbuch II, bleibt bestehen. Die Miete läuft dort unter dem Begriff „Kosten der Unterkunft und Heizung" (kurz KdU).

So läuft die Mietübernahme in der Regel ab:

1. Die Zusicherung für die Übernahme der Miete einholen: Sowohl für dich, als auch für den Vermieter ist es wichtig, dass Sicherheit darüber besteht, dass die Miete auch tatsächlich vom Jobcenter übernommen wird. Um das vom Amt prüfen zu lassen, musst du vorab die Daten und Infos der Wohnung einreichen. Dafür gibt es meist ein Formular – oft „Wohnungsangebot" oder „Mietangebot" genannt. Hier müssen die Wohnkosten genau aufgeführt werden: Wie hoch ist die Kaltmiete und wie teilen sich die Nebenkosten auf zwischen Betriebskosten und Heizkosten? Ebenso Informationen zur Wohnung, wie die Größe und Anzahl der Zimmer, Art der Heizung, Zustand und Ausstattung der Wohnung sind relevant. Wichtig ist außerdem, dass das Mietangebot personalisiert ist, also deinen Namen und die konkrete Wohnung mit der Adresse enthalten sind.

Meistens wird verlangt, dass das Mietangebot vom Vermieter unterschrieben wird. Ich empfehle dir, das Formular, das dein Jobcenter verlangt, vorab mit den Informationen auszufüllen, die dir aus dem Inserat der Wohnung bereits vorliegen. Gib das dem Vermieter gemeinsam mit einer Erläuterung, sodass dieser nur noch die offenen Punkte ausfüllen und unterschreiben muss, bevor du das Formular anschließend beim Jobcenter einreichst.

2. Angemessenheit der Wohnung: Das Jobcenter prüft, ob die Wohnung „angemessen" ist – also ob Miete und Größe innerhalb bestimmter Grenzen liegen. Diese Grenzen sind nicht bundesweit einheitlich, sondern werden von jeder Stadt oder jedem Landkreis festgelegt. Frag am besten direkt bei deinem Jobcenter nach den für dich geltenden Höchstwerten.
3. Bescheid: Übernahme der laufenden Miete: Liegt die Wohnung im Rahmen, übernimmt das Jobcenter die Bruttokaltmiete und die Heizkosten. Im ersten Jahr des Leistungsbezugs (der sogenannten Karenzzeit) werden die tatsächlichen Kosten in der Regel voll anerkannt.
Du bekommst einen Bescheid vom Jobcenter, der bestätigt, dass und gegebenenfalls in welcher Höhe die Kosten für die konkret angefragte Wohnung übernommen werden. Diesen Bescheid kannst du nun dem Vermieter vorlegen, sodass er Sicherheit hat, dass er sich auf den

späteren Mieteingang verlassen kann.
Sollte nur ein Teil der Wohnkosten vom Jobcenter übernommen werden, füge dem Bescheid am besten eine Erläuterung bei, mit welchen Mitteln du die Differenz bezahlen willst (Einnahmen-Ausgaben-Übersicht), sodass es für den Vermieter nachvollziehbar ist.

4. Direktzahlung an den Vermieter: Auf Antrag zahlt das Jobcenter die Miete direkt an den Vermieter. Das ist für viele Vermieter ein echtes Argument, weil die Miete dann zuverlässig und pünktlich von einer öffentlichen Stelle kommt. Hast du vor, das zu beantragen, solltest du das dem Vermieter unbedingt als Pluspunkt mitteilen.
5. Kaution als Darlehen: Auch die Kaution kann das Jobcenter übernehmen – meist als Darlehen, das später in kleinen Raten verrechnet wird. Wichtig ist auch hier, das vorher zu beantragen.

Wichtig:

Bevor du einen neuen Mietvertrag unterschreibst, solltest du dir vom Jobcenter die Zusicherung holen, dass es die Kosten für die Miete übernimmt. Unterschreibst du vorher, riskierst du, auf Teilen der Kosten sitzenzubleiben.

Mein Tipp:
Gib dem Vermieter so viele Informationen wie möglich. Erkläre den Ablauf und wenn du schon ein Infoschreiben deines Jobcenters über die Rahmenbedingungen hast, gib es ihm dazu. Manche Jobcenter haben eigens ein Infoblatt für Vermieter erstellt, das alle wichtigen Fragen beantwortet. Frag bei deinem Jobcenter nach, ob es so ein Blatt gibt oder erstelle eventuell selbst eine Übersicht – das wirkt professionell und nimmt dem Vermieter die letzte Unsicherheit.

Der Wohnberechtigungsschein (WBS)

Vielleicht stößt du bei der Suche auf Wohnungen, die einen „WBS“ voraussetzen. WBS steht für Wohnberechtigungsschein. Das ist eine amtliche Bescheinigung, die du brauchst, um eine öffentlich geförderte Wohnung – eine sogenannte Sozialwohnung – mieten zu dürfen. Solche Wohnungen sind oft deutlich günstiger, dürfen aber nur an Menschen mit gültigem WBS vergeben werden.

Ob du einen WBS bekommst, hängt vor allem von deinem Einkommen ab: Es darf eine bestimmte Grenze nicht überschreiten. Wie hoch diese Grenze ist, legt jedes Bundesland selbst fest, und sie steigt mit der Zahl der Personen im Haushalt. Du musst also nicht „arm“ sein – auch viele Familien mit mittlerem Einkommen haben Anspruch. Den genauen Wert erfährst du bei deiner Stadt.

So kommst du an deinen WBS:

1. Antrag stellen: Zuständig ist deine Kommune – je nach Stadt heißt die Stelle Wohnungsamt, Amt für Wohnungswesen, Bürgeramt oder Bezirksamt. Vielerorts geht der Antrag auch online.
2. Unterlagen einreichen: Meist brauchst du den ausgefüllten Antrag, Einkommensnachweise aller Haushaltsmitglieder (oft der letzten zwölf Monate) und deinen Personalausweis.
3. Schein erhalten und nutzen: Der WBS gilt in der Regel ein Jahr. Mit ihm kannst du dich dann auf geförderte Wohnungen bewerben. Die Gebühr ist gering und je nach Stadt unterschiedlich – von kostenlos bis etwa 25 bis 35 Euro.

Mein Tipp:
Kümmere dich frühzeitig um den WBS, am besten schon bevor du eine passende Sozialwohnung gefunden hast. Dann kannst du sofort zugreifen, wenn ein Angebot kommt – und musst nicht erst wochenlang auf die Bescheinigung warten.

Die erste eigene Wohnung

Die erste eigene Wohnung ist ein großer Schritt. Vermieter sind hier manchmal vorsichtig, weil noch keine Miethistorie vorliegt und das Einkommen in jungen Jahren oft niedrig ist. Das ist kein Hindernis, wenn du Sicherheit und Ernsthaftigkeit ausstrahlst.

Punkte, mit denen du überzeugst: ein Ausbildungs- oder Arbeitsvertrag, eine Bürgschaft der Eltern und der klare Wunsch, langfristig zu bleiben. Zeig, dass du dich vorbereitet hast – mit einer ordentlichen Bewerbungsmappe und einem freundlichen, gut formulierten Anschreiben hebst du dich von vielen Gleichaltrigen ab. Denk außerdem an die Anfangskosten: Kaution, eventuell eine Küchenablöse und die Grundausstattung. Es lohnt sich, dafür vorher etwas anzusparen, damit der schöne Start nicht gleich zur finanziellen Belastung wird.

Senioren und barrierefreies Wohnen

Im Alter ändern sich die Ansprüche an eine Wohnung. Vielleicht sollen Treppen wegfallen, das Bad bodengleich begehbar sein oder ein Aufzug vorhanden sein. Als Vermieterin schätze ich ältere Mieter sehr – sie bleiben oft lange, sind zuverlässig und ruhig. Genau das darfst du auch betonen: Schreib, dass du eine dauerhafte, ruhige Bleibe suchst. Hast du eine sichere Rente oder Pension, ist das ein starkes Argument für zuverlässige Mietzahlungen – erwähne es. Brauchst du bestimmte bauliche Voraussetzungen, nenne sie von Anfang an, damit beide Seiten keine Zeit verlieren, falls diese nicht vorhanden sein sollte.

Als Paar zusammenziehen

Wenn ihr zum ersten Mal gemeinsam eine Wohnung mietet, ist das ein schöner Schritt – und ein kleiner Pluspunkt beim Vermieter, denn zwei Einkommen bedeuten mehr Sicherheit. Stellt euch im Anschreiben gemeinsam vor und nennt gerne euer gemeinsames Einkommen im Verhältnis zur Miete. Wenn ihr schon länger zusammen seid, dürft ihr das auch gerne erwähnen, sodass der Vermieter erkennt, dass ihr es ernst meint miteinander und nicht wegen Trennung bald wieder kündigt. Beim Mietvertrag solltet ihr darauf achten, dass ihr beide als Mieter im Vertrag steht; dann habt ihr beide die gleichen Rechte und Pflichten. Überlegt vorher auch ganz praktisch, wie ihr mit Möbeln aus zwei Haushalten umgeht – das hilft euch, die passende Größe zu wählen.

Wenn du aus dem Ausland kommst

Ziehst du aus dem Ausland nach Deutschland, ist die Wohnungssuche besonders herausfordernd: Oft fehlen eine deutsche SCHUFA, ein hiesiger Arbeitsvertrag oder Nachweise in deutscher Sprache. Hilfreich ist alles, was Sicherheit vermittelt – ein Arbeitsvertrag (gern mit Übersetzung), eine Bestätigung des Arbeitgebers, Kontoauszüge, und weitere Informationen. Schreib höflich und vorzugsweise in Deutsch. Du kannst beispielsweise mit Übersetzungstools arbeiten – auch wenn das Ergebnis nicht perfekt ist, zeigt es dem Vermieter, dass du dir Mühe gibst. Oder vielleicht kennst du eine deutschsprachige Person, die dir hilft und die Nachricht gegenliest? Manche Vermieter sind anfangs zurückhaltend; begegne dem mit Offenheit, klaren Unterlagen und – wenn möglich – einem persönlichen oder Video-Kennenlernen.

In Elternzeit

Befindest du dich in Elternzeit, ist das kein Nachteil – wichtig ist nur, dass du dem Vermieter Sicherheit gibst. Erkläre kurz, bis wann deine Elternzeit dauert und in welchem Umfang du danach wieder arbeiten wirst. Wenn dein Arbeitsplatz gesichert ist und du danach zu deinem bisherigen Einkommen zurückkehrst, sag das deutlich. Als Einkommensnachweis für die Elternzeit dient das Elterngeld; nenne die monatliche Höhe und lege den Bescheid bei. So sieht der Vermieter, dass die Miete auch in dieser Zeit gesichert ist.

Wenn dir jemand bei der Suche hilft

Manchmal sucht nicht die spätere Mieterin oder der spätere Mieter selbst, sondern jemand hilft dabei – etwa, weil die suchende Person keinen Zugang zu Portalen wie Kleinanzeigen oder ImmobilienScout24 hat oder noch nicht so gut

Deutsch spricht. Das ist überhaupt kein Problem, aber achte auf zwei Dinge: Formuliere die Anfrage so, dass sie für den Vermieter klar verständlich ist und nenne beide Namen – deinen eigenen und den der Person, für die du suchst. So weiß der Vermieter von Anfang an, wer später einziehen wird und wer ihm gerade schreibt.

Sei kreativ

Zum Schluss noch ein Mut-Tipp: Ich mag es, wenn Menschen kreativ werden. Einmal hat mir eine Frau, die dringend eine Wohnung suchte, erzählt, wie ordentlich und gepflegt ihre jetzige Wohnung immer sei. Damit ich mich selbst davon überzeugen könne, lud sie mich kurzerhand zu sich nach Hause ein. Diese Idee fand ich richtig gut – und sie hat damit einen bleibenden positiven Eindruck hinterlassen. Überleg dir also ruhig, womit du auf sympathische Weise auffallen kannst.

Mietvertrag verstehen

„Mietvertrag" ist nicht gleich „Mietvertrag". Es gibt unterschiedliche Formen mit ganz verschiedenen Vor- und Nachteilen. Wenn du die wichtigsten kennst, kannst du beim Gespräch mit dem Vermieter mitreden – und weißt genau, worauf du dich einlässt.

Der Standard-Mietvertrag

Am häufigsten ist der ganz normale, unbefristete Standard-Mietvertrag. Hier ist die Miete fest vereinbart und läuft ohne Enddatum, bis eine Seite kündigt. Erhöhen darf der Vermieter die Miete nur in den gesetzlichen Grenzen und höchstens bis zur ortsüblichen Vergleichsmiete – also dem, was für ähnliche Wohnungen am Ort üblich ist. Maßstab dafür ist der Mietspiegel, den viele Städte veröffentlichen.

Der Staffel- und der Indexmietvertrag, die ich dir gleich erkläre, sind Sonderformen dieses Standardvertrags. Der wichtigste Unterschied betrifft die Mieterhöhungen:

- Standard- und Staffelmietvertrag orientieren sich am Mietspiegel beziehungsweise an festen, vorab vereinbarten Stufen – also am örtlichen Mietniveau.
- Der Indexmietvertrag orientiert sich nicht am Mietspiegel, sondern am Verbraucherpreisindex. Diesen kannst du jederzeit selbst in den öffentlichen Tabellen des Statistischen Bundesamts einsehen und so jede Erhöhung nachvollziehen.

Staffelmietvertrag

Beim Staffelmietvertrag stehen die künftigen Mieterhöhungen schon bei Vertragsschluss fest. Jede Stufe muss als konkreter Geldbetrag genannt sein, etwa: ab dem zweiten Jahr 50 Euro mehr, ab dem dritten Jahr noch einmal 50 Euro. Auch hier muss die Miete jeweils mindestens ein Jahr unverändert bleiben.

- Vorteil für dich: Du weißt von Anfang an ganz genau, was in den nächsten Jahren auf dich zukommt, und kannst sicher planen.
- Nachteil: Die Erhöhungen greifen unabhängig vom Markt – die Miete steigt also auch dann, wenn die Mieten in deiner Stadt eigentlich gar nicht steigen.

Indexmietvertrag

Bei einem Indexmietvertrag ist die Miete an den Verbraucherpreisindex gekoppelt – also an die allgemeine Preisentwicklung in Deutschland, die das Statistische Bundesamt misst. Steigen die Preise, darf auch die Miete steigen, allerdings nur, wenn sie seit mindestens einem Jahr unverändert ist. Viele Verträge legen außerdem fest, ab welchem Prozentsatz eine Änderung des Verbraucherpreisindex überhaupt eine Mietanpassung auslöst (in meinen Verträgen beispielsweise, sind es 5 Prozent)

- Vorteil für dich: Das Modell ist transparent und nachvollziehbar, und der Vermieter kann die Miete nicht zusätzlich wegen Modernisierungen erhöhen. Bei einer Deflation kannst du sogar eine Absenkung der Miete entsprechend dem Verbraucherpreisindex verlangen.
- Nachteil: In Zeiten hoher Inflation kann die Miete spürbar steigen. Die Mietpreisbremse schützt nur die

Ausgangsmiete, nicht die späteren indexbedingten Erhöhungen.

Befristeter und unbefristeter Vertrag

Die meisten Mietverträge sind unbefristet – sie laufen also ohne festes Enddatum, bis eine Seite kündigt. Das ist für dich in der Regel die angenehmste Variante, weil du bleiben kannst, solange du möchtest und mit der gesetzlichen Frist von drei Monaten kündigen kannst.

Ein befristeter Vertrag (Zeitmietvertrag) endet dagegen zu einem bestimmten Datum. Erlaubt ist er nur mit einem berechtigten Grund, den der Vermieter dir schon bei Vertragsschluss schriftlich nennen muss – etwa, weil er die Wohnung danach selbst nutzen, abreißen oder umbauen will. Fehlt dieser Grund, gilt der Vertrag automatisch als unbefristet.

- Vorteil für dich: Bis zum Ende der Frist hast du einen festen Vertrag, der Vermieter kann dich nicht einfach vorzeitig hinauskündigen. Du erhältst Planungssicherheit, da du genau weißt, wie lange du in der Wohnung sein kannst.
- Nachteil: Auch du kannst nicht ordentlich kündigen, da eine feste Laufzeit vereinbart ist. Am Ende der Frist musst du ausziehen.

Kündigungsverzicht (Kündigungsausschluss)

Ein Kündigungsverzicht bedeutet, dass beide Seiten – Mieter und Vermieter – für einen festgelegten Zeitraum auf ihr Recht zur ordentlichen Kündigung verzichten. Danach geht der Vertrag in ein normales, unbefristetes Mietverhältnis mit den gesetzlichen Kündigungsfristen über. So eine Vereinbarung darf nicht beliebig lang sein: Die Faustregel für die zulässige Dauer eines Kündigungsverzichts in einem vorformulierten Vertrag sind höchstens vier Jahre Kündigungsverzicht..

- Vorteil für dich: Du hast Sicherheit. In dieser Zeit kann dir der Vermieter nicht ordentlich kündigen – du brauchst also nicht befürchten, dass dich der Vermieter aufgrund von Eigenbedarf kündigt. Vor allem, wenn du vorhast, in eine Küche und Möbel für die Wohnung zu investieren, ist es angenehm zu wissen, dass sich die Investition mindestens für den im Vertrag festgelegten Mindestzeitraum lohnen wird.
- Nachteil: Auch du selbst kannst in dieser Zeit nicht ordentlich kündigen. Du bist also gebunden, selbst wenn sich deine Lebenssituation ändert.

Wichtiger Hinweis: Der Kündigungsverzicht betrifft nur ordentliche Kündigungen. Eine außerordentliche Kündigung aus wichtigem Grund ist weiterhin möglich. Solltest du deine Miete nicht mehr bezahlen, kann dir der Vermieter also auch innerhalb des Kündigungsverzichts den Mietvertrag kündigen.

Da sich das Leben manchmal anders entwickelt als geplant, kann es vorkommen, dass du während des Kündigungsverzichts aus der Wohnung ausziehen willst, beziehungsweise musst. In der Praxis läuft das meistens so, dass der Vermieter dem zustimmt, sofern du ihm einen geeigneten Nachmieter vermittelst. Wenn dir der vom Vermieter gewünschte Kündigungsausschluss Sorgen macht, besprich das gerne vorab mit dem Vermieter, wie seine Einstellung hierzu ist.

Genau diesen Kündigungsverzicht biete ich übrigens als Vermieterin oft an, weil ich langfristige Mieter suche. Wenn du ohnehin lange bleiben möchtest, kannst du damit im Anschreiben punkten – indem du ihn direkt von dir aus vorschlägst (siehe das Kapitel zum Anschreiben).

Zusatzvereinbarungen

Lies nicht nur den Hauptvertrag, sondern auch alle Zusatzvereinbarungen sorgfältig – denn auch sie sind verbindlich, sobald du unterschreibst. In meinen Verträgen steht in den Zusatzvereinbarungen zum Beispiel, dass weder der Mieter noch seine Gäste in der Wohnung rauchen dürfen und dass der Mieter die jährliche Prüfung der Rauchwarnmelder übernimmt und mir Bescheid gibt, falls einer ausfällt. Frag im Zweifel nach, bevor du unterschreibst.

Was ist die Mietpreisbremse?

Vielleicht hast du den Begriff „Mietpreisbremse“ schon gehört. Sie gilt in Gebieten mit angespanntem Wohnungsmarkt, die die Bundesländer festlegen. Dort darf die Miete bei einer Neuvermietung höchstens zehn Prozent über der ortsüblichen Vergleichsmiete liegen. Es gibt allerdings Ausnahmen, etwa für Neubauten oder umfassend modernisierte Wohnungen. Ob die Mietpreisbremse bei deiner Wunschwohnung greift, kannst du beispielsweise beim örtlichen Mieterverein oder mit Online-Rechnern prüfen. Wichtig: Sie schützt nur die Ausgangsmiete – spätere Erhöhungen über einen Index- oder Staffelmietvertrag sind davon nicht erfasst.

Schönheitsreparaturen

Ein häufiges Streitthema sind die sogenannten Schönheitsreparaturen – also Tapezieren, Streichen von Wänden und Decken sowie Lackieren von Türen oder Heizkörpern. Viele Mietverträge übertragen diese Arbeiten auf den Mieter. Das ist grundsätzlich erlaubt, aber nur unter bestimmten Bedingungen: Starre Fristen („alle drei Jahre streichen“) sind unwirksam, und wer eine unrenovierte Wohnung übernommen hat, muss sie beim Auszug grundsätzlich nicht frisch gestrichen zurückgeben, es sei denn, der Vertrag enthält eine wirksame Ausgleichsregelung. Lies die entsprechende Klausel vor der Unterschrift genau durch und lass im Übergabeprotokoll festhalten, in welchem Zustand du die Wohnung übernimmst.

Die Unterschrift:

Mit dciner Unterschrift wird es final: damit gehst du das Mietverhältnis ein. Deshalb solltest du den Mietvertrag vor der Unterschrift in Ruhe durchlesen und bei allem nachfragen, was du nicht verstehst. Bist du unsicher, kannst du den Mietvertrag auch prüfen lassen, zum Beispiel von einem Mieterverein. Die Mitgliedschaft ist relativ günstig und kann dir viel Ärger ersparen. Unterschreibe niemals unter Druck.

Nach der Zusage: die nächsten Schritte

Geschafft – du hast die Zusage! Jetzt warten noch ein paar wichtige Schritte auf dich, bevor und nachdem du einziehst. Wenn du sie der Reihe nach abhakst, startest du entspannt in dein neues Zuhause.

Den Mietvertrag prüfen und unterschreiben

Lies den Vertrag in Ruhe durch, bevor du unterschreibst – am besten zu Hause und nicht unter Zeitdruck. Achte besonders auf die Höhe von Miete und Kaution, auf die Kündigungsfristen, einen eventuellen Kündigungsverzicht, die Klauseln zu Kleinreparaturen und Schönheitsreparaturen sowie darauf, was genau zur Wohnung gehört (Keller, Stellplatz, Garten). Verstehst du etwas nicht, frag nach oder lass den Vertrag beispielsweise von einem Mieterverein prüfen. Unterschreibe nie etwas, das du nicht verstehst.

Die Wohnungsübergabe und das Protokoll

Bei der Übergabe gehst du gemeinsam mit dem Vermieter durch die Wohnung. Haltet dabei unbedingt im Übergabeprotokoll fest: Welche Mängel sind schon vorhanden? In welchem Zustand sind Wände, Böden und Geräte? Wie sind die Zählerstände für Strom, Gas und Wasser? Macht ruhig Fotos. Das Protokoll schützt dich später davor, dass dir beim Auszug Schäden angelastet werden, die schon vorher da waren.

Außerdem sollte im Protokoll aufgenommen werden wie viele Schlüssel du erhalten hast, sodass du beim Auszug nachweisen kannst, dass du alle Schlüssel vollständig zurückgegeben hast. Am Ende der Übergabe unterschreiben beide Parteien das Protokoll und jeder bekommt ein Exemplar.

Prüfe bei der Übergabe außerdem, ob in allen erforderlichen Räumen Rauchwarnmelder vorhanden sind. Klärt dabei – falls noch nicht geschehen –, wer für die jährliche Prüfung zuständig ist. Häufig steht das schon im Mietvertrag: Du übernimmst die Prüfung selbst und gibst dem Vermieter Bescheid, wenn ein Melder nicht mehr funktioniert.

Da du den Vermieter nach der Übergabe meist nicht mehr persönlich triffst, solltest du spätestens jetzt klären, auf welchem Weg er die weitere Kommunikation bevorzugt. Möchte er bei Fragen angerufen werden? Nutzt ihr WhatsApp, schreibt ihr euch lieber E-Mails oder bevorzugt er den klassischen Brief? Wenn du das von Anfang an weißt, vermeidest du Missverständnisse und zeigst, dass dir ein gutes Miteinander wichtig ist.

Ummelden und Verträge anmelden

Nach dem Umzug musst du dich innerhalb von zwei Wochen beim Einwohnermeldeamt ummelden. Dafür brauchst du die sogenannte Wohnungsgeberbestätigung – ein Formular, das dir dein Vermieter ausstellt. Außerdem stehen an:

- Strom und Gas: Melde dich rechtzeitig bei einem Anbieter an – sonst zahlst du den oft Grundversorgungstarif. Ein Tarifvergleich lohnt sich.
- Internet: Kümmere dich früh darum, denn die Freischaltung dauert manchmal mehrere Wochen.
- Rundfunkbeitrag: Eine Wohnung wird einmal angemeldet; pro Haushalt fällt ein Beitrag an.

- Nachsendeauftrag: Richte bei der Post einen Nachsendeauftrag ein, damit du keine Briefe an der alten Adresse verpasst.
- Adresse aktualisieren: Denk an Bank, Arbeitgeber, Versicherungen, Vereine, Abos und so weiter.

An die Versicherungen denken

Zwei Versicherungen sind für Mieter besonders sinnvoll. Eine Privathaftpflicht zahlt, wenn du versehentlich einen Schaden verursachst – zum Beispiel, wenn durch dein Verschulden ein Wasserschaden entsteht. Eine Hausratversicherung ersetzt deine Möbel und Sachen bei Feuer, Einbruch oder Wasserschäden. Beide sind freiwillig, aber im Ernstfall Gold wert. Es empfiehlt sich, dass du dich mit dem Thema beschäftigst und dich beraten lässt, zum Beispiel von einem Versicherungsmakler.

Den Umzug organisieren

Die Zusage ist da, der Mietvertrag unterschrieben – jetzt kommt der Umzug. Mit etwas Planung wird aus dem gefürchteten Chaos ein gut machbares Projekt. Am besten planst du rückwärts vom Einzugstermin.

Etwa sechs bis acht Wochen vorher

- Alte Wohnung kündigen (Kündigungsfrist deines Vertrags beachten, häufig drei Monate) und die Kündigung schriftlich bestätigen lassen.

- Urlaub für den Umzugstag einplanen und Helfer fragen – oder ein Umzugsunternehmen anfragen und Angebote vergleichen.
- Aussortieren: Was muss wirklich mit? Ein Umzug ist die beste Gelegenheit, Ballast loszuwerden (verkaufen, verschenken, entsorgen).

Etwa zwei bis vier Wochen vorher

- Umzugskartons besorgen und beschriften (Raum + Inhalt).
- Strom, Gas und Internet für die neue Wohnung anmelden, alte Verträge ummelden oder kündigen.
- Nachsendeauftrag bei der Post einrichten.
- Sperrmüll anmelden, falls große Dinge wegmüssen.
- Bei Bedarf Halteverbotszone für den Umzugswagen beantragen.

Die letzten Tage und der Umzugstag

- Kühlschrank abtauen, Wichtiges (Dokumente, Wertsachen, Ladekabel) in eine extra „Erste-Hilfe-Kiste" packen.
- Zählerstände in alter und neuer Wohnung ablesen und notieren – am besten mit Foto.
- Übergabeprotokolle für beide Wohnungen ausfüllen.

- Schlüssel vollständig übergeben / entgegennehmen und im Protokoll vermerken.

Wer hilft beim Umzug?

Ein Umzug muss nicht teuer sein. Mit Freunden, geliehenem Transporter und einer Pizza-Bestellung als Dankeschön kommst du oft günstiger weg als mit einer Spedition.

Plane aber realistisch: Schwere Möbel, enge Treppenhäuser und fehlender Aufzug kosten Zeit und Kraft. Bei einem großen Haushalt oder ohne helfende Hände kann sich ein Umzugsunternehmen durchaus lohnen.

Punkten durch kleine Gesten – ein guter Mieter sein

Manchmal entscheiden nicht die großen Argumente, sondern die kleinen. Vermieter wünschen sich jemanden, der zuverlässig ist, mitdenkt, das Haus pfleglich behandelt und jemanden, mit dem das Zusammenleben im Haus reibungslos klappt. Wer Hilfsbereitschaft und ein freundliches Wesen zeigt, wirkt sympathisch und verlässlich – und genau das erhöht deine Chancen auf die Zusage. Nach dem Einzug zahlt sich dieselbe Haltung aus: Ein gutes Verhältnis zu Vermieter und Nachbarn macht das Wohnen für alle angenehmer. Und steigert deine Chancen auf ein positives Vermieterschreiben, falls du später umziehen und dich auf eine andere Wohnung bewerben willst.

Biete deine Hilfe bei kleinen Dingen an

Gerade kleinere, privat verwaltete Häuser haben keinen großen Hausmeisterdienst. Vieles erledigt der Vermieter selbst oder die Hausgemeinschaft gemeinsam: Schnee räumen, das Treppenhaus putzen, den Garten pflegen, die Mülltonnen rausstellen. Wenn du von dir aus anbietest, bei solchen kleinen Aufgaben mitzuhelfen, signalisierst du: Ich denke mit, ich packe an, und ich will, dass es im Haus gut läuft.

Das muss kein großes Versprechen sein. Ein Satz wie „Bei Gartenarbeit oder Schneeräumen helfe ich gern mit“ kann schon den Unterschied machen – besonders, wenn der Vermieter selbst im Haus wohnt oder es persönlich verwaltet. Hast du sogar handwerkliches Geschick, erwähne ruhig, dass du Kleinigkeiten selbst erledigen kannst. Viele Vermieter sehen darin einen echten Vorteil.

Mülltrennung – richtig von Anfang an

In Deutschland wird der Müll getrennt – und als Mieter solltest du wissen, was in welche Tonne gehört. Das ist nicht nur gut für die Umwelt, sondern oft auch Teil der Hausordnung. Wer falsch trennt, sorgt für Ärger: Tonnen werden dann nicht geleert oder müssen teuer nachsortiert werden. Weil die Müllgebühren zu den Nebenkosten gehören, zahlen am Ende alle im Haus mit. Vermieter merken, wer die Hausordnung ernst nimmt – und das beginnt schon mit der Mülltonne.

Wie genau getrennt wird, legt jede Stadt selbst fest; im Zweifel hilft der Abfallkalender deiner Kommune. So sieht das System in der Regel aus:

- Restmüll (graue/schwarze Tonne): alles, was sich nicht verwerten lässt – zum Beispiel Windeln, Hygieneartikel, Asche, Kehricht, Staubsaugerbeutel, Porzellan.
- Biotonne (braun): organische Abfälle wie Obst- und Gemüsereste, Kaffeesatz, Eierschalen, Laub und Grünschnitt. Wichtig: Plastiktüten gehören nicht hinein – auch keine „biologisch abbaubaren". In vielen Gemeinden wird streng kontrolliert, dass kein Plastik im Bioabfall landet.
- Papiertonne (blau): Zeitungen, Kartons, Papier und Pappe.
- Gelbe Tonne / Gelber Sack: Leichtverpackungen aus Kunststoff und Metall sowie Getränkekartons – aber nur leere Verpackungen, kein Glas und kein Papier.
- Altglas-Container: nach Farben getrennt in Weiß, Grün und Braun. Andersfarbiges Glas kommt zum Grünglas. Trinkgläser, Fensterglas, Spiegel und Glühbirnen gehören nicht dazu.

Auf viele Einweg-Getränkeflaschen und Dosen gibt es Pfand (meist 25 Cent), das du im Laden zurückbekommst. Schadstoffe wie Batterien, Farben, Lacke oder Energiesparlampen gehören nicht in den Hausmüll, sondern zum Wertstoffhof, zum Schadstoffmobil oder an die Rücknahmestellen im Handel. Große Dinge wie alte Möbel meldest du als Sperrmüll an oder bringst sie zum Wertstoffhof.

Hausordnung und Ruhezeiten

In fast jedem Mehrfamilienhaus gibt es eine Hausordnung. Sie regelt das Zusammenleben und ist oft Teil des Mietvertrags. Ist das der Fall, musst du dich daran halten. Typische Themen sind die Treppenhausreinigung, das Schneeräumen im Winter, die Nutzung von Waschküche und Garten und natürlich die Ruhezeiten.

Die Ruhezeiten sind meist nachts von 22 bis 6 Uhr sowie mittags und sonntags ganztägig. In dieser Zeit solltest du laute Tätigkeiten – Bohren, laute Musik, die Waschmaschine im Schleudergang – vermeiden. Wer das beherzigt, erspart sich Ärger mit den Nachbarn und bleibt beim Vermieter gut angeschrieben.

Ein freundliches Verhältnis zu den Nachbarn ist Gold wert. Stell dich nach dem Einzug kurz vor, grüße im Treppenhaus und nimm auch mal ein Paket für jemanden an. Solche Kleinigkeiten kosten nichts, schaffen aber ein gutes Miteinander – und ein zufriedener Nachbar beschwert sich nicht beim

Vermieter, sondern empfiehlt dich vielleicht sogar weiter, wenn du das nächste Mal auf Wohnungssuche bist.

Kleinreparaturen – wer zahlt was?

Geht in der Wohnung etwas kaputt, fragst du dich vielleicht: Muss ich das zahlen oder der Vermieter? Grundsätzlich ist die Instandhaltung Sache des Vermieters. An den Kosten kleiner Reparaturen darf er dich nur beteiligen, wenn im Mietvertrag eine wirksame „Kleinreparaturklausel" steht. Fehlt sie, zahlst du nichts.

Und selbst wenn es eine solche Klausel gibt, gilt sie nur eng begrenzt:

- Nur Dinge, die du täglich anfasst: Betroffen sind ausschließlich Gegenstände, die du direkt und häufig benutzt – etwa Wasserhähne, Lichtschalter, Steckdosen, Tür- und Fenstergriffe oder Rollladengurte. Was hinter der Wand oder im Verborgenen liegt (Leitungen, Rohre), gehört nicht dazu.
- Eine Obergrenze pro Reparatur: Für die einzelne Reparatur muss eine Höchstgrenze festgelegt sein, häufig um die 100 Euro (je nach Vertrag und Gericht etwas mehr oder weniger).
- Eine Obergrenze pro Jahr: Zusätzlich muss eine jährliche Höchstsumme genannt sein, typischerweise rund 6 bis 8

Prozent deiner Jahreskaltmiete. (je nach Vertrag und Gericht etwas mehr oder weniger).

Gut zu wissen:

Alles oder nichts: Übersteigt eine einzelne Reparatur die vereinbarte Grenze, musst du gar nichts zahlen – dann trägt der Vermieter die kompletten Kosten, nicht nur den Teil über der Grenze.

Ohne Höchstgrenzen ist die Klausel ungültig: Fehlt eine der beiden Grenzen, ist die ganze Klausel unwirksam und du zahlst gar nichts.

Du musst nicht selbst beauftragen: Eine Klausel, die dich verpflichtet, die Reparatur selbst zu organisieren, ist unzulässig. Du meldest den Schaden, der Vermieter kümmert sich und du trägst höchstens die Kosten, wenn sie in der vereinbarten Grenze liegen.

Mein Rat:

Melde jeden Schaden zügig und schriftlich – zum Beispiel per E-Mail. So bist du auf der sicheren Seite und kleine Probleme werden behoben, bevor daraus große werden.

Geld sparen rund ums Wohnen

Die Miete steht fest – aber bei den Nebenkosten hast du selbst einiges in der Hand. Mit ein paar Gewohnheiten senkst du deine laufenden Kosten spürbar, ganz ohne Komfortverzicht:

- Richtig heizen und lüften: Stoßlüften (mehrmals täglich kurz die Fenster ganz öffnen) statt Dauerkippen spart Heizenergie und beugt Schimmel vor. Jedes Grad weniger Raumtemperatur senkt die Heizkosten merklich.
- Strom- und Gasanbieter vergleichen: Der Grundversorgungstarif ist selten der günstigste. Ein jährlicher Vergleich und Wechsel kann etliche Euro sparen.
- Wasser bewusst nutzen: Ein Sparduschkopf und das Abdrehen beim Einseifen machen sich bei den Warmwasserkosten bemerkbar.
- Strom im Blick behalten: Geräte nicht im Standby lassen, LED-Lampen nutzen, Kühlschrank nicht zu kalt einstellen.
- Nebenkostenabrechnung prüfen: Wie schon erwähnt – ein genauer Blick kann Fehler aufdecken und dir bares Geld zurückbringen.

Deine Rechte und Pflichten als Mieter

Ein Mietverhältnis ist ein Geben und Nehmen. Wenn du deine wichtigsten Rechte und Pflichten kennst, gerätst du seltener in Streit und kannst selbstbewusster auftreten – schon beim Besichtigungstermin merkt ein Vermieter, ob jemand weiß, wovon er spricht. Hier ein verständlicher Überblick. (Denk daran: Das ersetzt im Ernstfall keine Rechtsberatung.)

Deine wichtigsten Pflichten

- Miete pünktlich zahlen: Das ist deine zentrale Pflicht. Die Miete ist meist bis zum dritten Werktag des Monats im Voraus zu bezahlen. Die Miete für den Monat Januar muss also spätestens am 3. Werktag – in der Regel der 4. Januar – auf dem Konto des Vermieters eingegangen sein (sofern kein Wochenende dazwischenliegt). Richte bei deiner Bank am besten einen Dauerauftrag ein, damit die Mietzahlung von deinem Konto jeden Monat automatisch pünktlich überwiesen wird. So stellst du sicher, dass du es nicht vergisst – selbst wenn du krank oder im Urlaub bist.
- Sorgsam mit der Wohnung umgehen: Du musst die Wohnung pfleglich behandeln, regelmäßig lüften und

heizen, damit kein Schimmel entsteht. Denk daran: Für viele Vermieter ist die Wohnung, die du mietest, ihr größtes Vermögen – und sie liegt ihnen sehr am Herzen.

- Mängel melden: Schäden musst du dem Vermieter zeitnah anzeigen (am besten schriftlich), damit er sie beheben kann – sonst haftest du womöglich für Folgeschäden.
- Rücksicht nehmen: Ruhezeiten und Hausordnung einhalten.

Deine wichtigsten Rechte

- Eine mangelfreie Wohnung: Der Vermieter muss die Wohnung in gebrauchsfähigem Zustand halten und Reparaturen (außerhalb kleiner Bagatellen) übernehmen.
- Schutz vor willkürlicher Kündigung: Der Vermieter braucht einen gesetzlichen Grund, um zu kündigen – am häufigsten handelt es sich um Eigenbedarf von ihm oder seinen Familienangehörigen. Eine grundlose Kündigung gibt es nur in bestimmten Ausnahmefällen, wenn der Vermieter selbst im selben Haus wohnt und dieses nicht mehr als zwei Wohneinheiten hat – in diesem Fall erhöht sich aber auch die Kündigungsfrist.
- Privatsphäre: Der Vermieter darf nicht einfach in deine Wohnung. Besuche muss er ankündigen. Habt ihr vereinbart, dass der Vermieter einen Schlüssel behält, darf

er ihn nur in einem echten Notfall oder mit deiner vorherigen Zustimmung benutzen.

- Besuch und Untervermietung: Besuch darfst du jederzeit empfangen. Möchtest du dauerhaft (in der Praxis sind mehr als 6 Wochen als Anhaltspunkt heranzuziehen) jemanden aufnehmen oder ein Zimmer untervermieten, brauchst du dafür die Erlaubnis des Vermieters.

Mängel und Mietminderung

Funktioniert etwas Wesentliches nicht – die Heizung fällt im Winter aus, Feuchtigkeit zieht in die Wände, der Aufzug ist dauerhaft defekt –, liegt ein Mangel vor. Dann gilt: zuerst dem Vermieter schriftlich anzeigen und eine angemessene Frist zur Behebung setzen. Wird der Mangel nicht beseitigt, kann unter Umständen eine Mietminderung gerechtfertigt sein. Kürze die Miete aber nie einfach eigenmächtig – wie hoch eine Minderung sein darf, ist Einzelfallsache. Hol dir vorher Rat beim Mieterverein oder einem Anwalt, sonst riskierst du selbst eine Kündigung wegen Mietrückstands.

Modernisierung dulden – aber informiert

Will der Vermieter modernisieren – zum Beispiel die Fenster erneuern oder die Heizung umstellen –, musst du das in der Regel dulden. Er muss dich aber rechtzeitig und schriftlich informieren: über Art, Umfang und voraussichtliche Dauer.

Eine Modernisierung kann zu einer Mieterhöhung führen, eine reine Reparatur dagegen nicht. Lies solche Ankündigungen deshalb genau durch und sprich offen mit deinem Vermieter über seine Pläne.

Beim Auszug: Wohnung übergeben und Kaution zurückbekommen

Auch das Ende des Mietverhältnisses will gut gemacht sein – schließlich willst du deine Kaution vollständig zurück. So gelingt es:

- Kündige fristgerecht und schriftlich (siehe die Fragen am Ende des Buches).
- Gib die Wohnung besenrein und in dem Zustand zurück, den der Vertrag verlangt – und vergleiche dabei den Zustand mit dem Einzugsprotokoll.
- Gib alle Schlüssel, die du beim Einzug erhalten hast, zurück.
- Mach bei der Übergabe wieder ein Protokoll mit Zählerständen und Fotos.
- Teile dem Vermieter deine neue Adresse und Bankverbindung mit – für die Rückzahlung der Kaution und die noch ausstehende Nebenkostenabrechnung.

Die Kaution bekommst du zurück, sobald der Vermieter geprüft hat, dass keine Forderungen offen sind – in der

Praxis nach etwa drei bis sechs Monaten. Steht die letzte Nebenkostenabrechnung noch aus, darf er dafür einen angemessenen Teil länger einbehalten. Den unstrittigen Rest muss er dir aber zügig auszahlen.

Mythen und Irrtümer rund ums Mieten

Rund um die Wohnungssuche und das Mieten halten sich hartnäckig viele Halbwahrheiten. Manche verunsichern unnötig, andere können dich sogar Geld oder die Wohnung kosten. Räumen wir mit den häufigsten Irrtümern auf.

„Eine Absage heißt, mit mir stimmt etwas nicht."

Falsch. In begehrten Lagen bewerben sich oft hundert Leute auf eine Wohnung. 99 davon bekommen eine Absage – das sagt nichts über ihren Wert als Mensch oder Mieter aus. Bleib dran.

„Der Vermieter darf mich alles fragen."

Falsch. Fragen nach Schwangerschaft, Kinderwunsch, Religion oder Parteizugehörigkeit sind unzulässig. Darauf darfst du sogar bewusst falsch antworten, ohne Konsequenzen.

„Der Makler kassiert auch von mir."

Bei Mietwohnungen meistens nicht. Es gilt das Bestellerprinzip: Wer den Makler beauftragt, zahlt ihn auch – und das ist sehr häufig der Vermieter.

„Haustiere sind grundsätzlich erlaubt – oder grundsätzlich verboten.“

Weder noch. Kleintiere sind meist ohne Erlaubnis zulässig. Bei Hunden und Katzen kommt es auf den Einzelfall an; ein generelles Verbot im Vertrag kann unwirksam sein, ein genereller Anspruch besteht aber auch nicht. Sprich es offen an.

„Mündlich zugesagt ist verbindlich.“

Ein Mietvertrag kommt zwar grundsätzlich auch mündlich zustande, aber bis zur Unterschrift ist vieles noch offen. Verlass dich nicht allein auf eine mündliche Zusage und kläre die nächsten Schritte ab.

„Die Kaution ist verlorenes Geld.“

Falsch. Die Kaution wird sicher angelegt und nach dem Auszug zurückgezahlt, wenn keine Forderungen offen sind. Sie gehört die ganze Zeit über dir, inklusive Zinsen.

„Bei Mängeln kann ich einfach die Miete kürzen.“

Vorsicht. Eine Mietminderung muss begründet und der Höhe nach angemessen sein. Kürzt du eigenmächtig zu viel, riskierst du unter Umständen eine Kündigung. Erst melden, dann beraten lassen.

„Ich muss die Wohnung beim Auszug immer frisch streichen.“

Nicht unbedingt. Starre Renovierungsklauseln sind unwirksam, und wer unrenoviert eingezogen ist, muss die Wohnung meist auch unrenoviert zurückgeben. Ein Blick in den Vertrag lohnt sich.

Häufige Fragen rund um die Wohnungssuche

Zum Abschluss beantworte ich noch ein paar Fragen, die mir immer wieder begegnen.

Wie lange dauert die Wohnungssuche im Schnitt?

Das hängt stark vom Wohnort und den eigenen Ansprüchen ab. In ländlichen Regionen kann es schnell gehen, in begehrten Großstädten dauert es oft mehrere Monate und viele Bewerbungen. Plane deshalb lieber großzügig und beginne früh – wer organisiert sucht, schnell reagiert und gute Unterlagen parat hat, verkürzt die Suche spürbar.

Wie viele Wohnungen soll ich gleichzeitig anschreiben?

So viele, wie wirklich zu dir passen. Es spricht nichts dagegen, sich parallel auf mehrere Wohnungen zu bewerben – im Gegenteil, das erhöht deine Chancen. Achte nur darauf, dass jede Anfrage individuell auf die jeweilige Anzeige eingeht, und behalte den Überblick, wem du was geschrieben hast.

Woran erkenne ich unseriöse Angebote und Betrug?

Misstrauisch werden solltest du, wenn ein Angebot deutlich zu günstig ist, der angebliche Vermieter im Ausland sitzt und die Wohnung nur über einen Schlüsseldienst zeigen will, oder wenn du Geld – Kaution oder „Reservierungsgebühr" – überweisen sollst, bevor du jemanden getroffen oder einen Vertrag gesehen hast.

Wie komme ich an eine SCHUFA-Auskunft?

Für Vermieter gibt es eine spezielle Bonitätsauskunft, die du gegen Gebühr – derzeit (Juni 2026) rund 30 Euro – direkt bei der SCHUFA online bestellen kannst. Daneben hast du einmal im Jahr das Recht auf eine kostenlose Datenkopie deiner gespeicherten Daten. Diese kostenlose Variante ist allerdings sehr ausführlich und nicht ideal zum Vorzeigen – für die Bewerbung ist die kompakte, kostenpflichtige Auskunft besser geeignet.

Was ist eine Mieterselbstauskunft genau?

Ein Formular, in dem du dem Vermieter die wichtigsten Angaben zu dir machst: Name, Beruf, Einkommen, Anzahl der Personen, Haustiere, ob ein Insolvenzverfahren läuft. Du musst nur zulässige Fragen beantworten – unzulässige (etwa zur Familienplanung) darfst du auslassen oder sogar falsch beantworten.

Welche Fragen darf der Vermieter überhaupt stellen?

Erlaubt sind Fragen, die für das Mietverhältnis wichtig sind: zu Beruf und Einkommen, zur Zahl der einziehenden Personen, zu Haustieren oder dazu, ob aktuell ein Insolvenzverfahren läuft. Nicht erlaubt sind dagegen Fragen nach Schwangerschaft, Kinderwunsch, Religion, Parteizugehörigkeit oder einer Behinderung. Auf solche unzulässigen Fragen musst du nicht antworten. Auch bewusste falsche Antworten sind rechtlich meist anerkannt.

Darf ein Makler von mir eine Provision verlangen?

Bei Mietwohnungen gilt das Bestellerprinzip: Wer den Makler beauftragt, zahlt ihn – und das ist fast immer der Vermieter. Du musst also nur dann eine Provision zahlen, wenn du selbst einen Makler mit der Suche beauftragt hast. Verlangt jemand ohne diesen Auftrag Geld von dir, solltest du genau prüfen lassen, ob das zulässig ist.

Kann ich eine Wohnung mieten, ohne sie gesehen zu haben?

Grundsätzlich ja, etwa wenn du aus einer anderen Stadt umziehst. Sicherer ist es aber, wenigstens eine Video-

Besichtigung zu machen und dir den Grundriss sowie viele Fotos zeigen zu lassen. Sei vorsichtig bei Angeboten, die eine Zahlung verlangen, bevor du die Wohnung oder den Vermieter überhaupt gesehen hast – das ist eine typische Betrugsmasche.

Muss ich nach einer mündlichen Zusage sofort unterschreiben?

Eine mündliche Zusage ist ein gutes Zeichen, aber noch kein Vertrag. Nimm dir die Zeit, den Mietvertrag sorgfältig zu lesen. Lass dir damit aber nicht zu viel Zeit – der Vermieter hat meist Ersatzkandidaten und möchte die Sache abschließen. Ein, zwei Tage zum Prüfen sind aber völlig in Ordnung.

Kann ich mehrere Zusagen gleichzeitig haben?

Bis zur Vertragsunterschrift bist du frei. Hast du mehrere Optionen, entscheide dich zügig und sag den anderen Vermietern freundlich ab – so bleibst du fair und in guter Erinnerung, falls du später noch einmal bei ihnen anfragst.

Wie viel Kaution ist normal?

Üblich sind zwei oder drei Nettokaltmieten – mehr als drei Nettokaltmieten sind gesetzlich nicht erlaubt. Du darfst sie in drei Monatsraten zahlen.

Was, wenn ich die Kaution nicht auf einmal aufbringen kann?

Kein Problem: Du hast das gesetzliche Recht, die Kaution in drei Monatsraten zu zahlen. Reicht auch das nicht und beziehst du Bürgergeld oder Grundsicherung, kann das Jobcenter die Kaution als Darlehen übernehmen. Beantrage das aber unbedingt, bevor du einziehst.

Was passiert mit meiner Kaution, wenn der Vermieter sie nicht zurückzahlt?

Zahlt der Vermieter nach angemessener Frist (grobe Faustregel zur Orientierung: drei bis sechs Monate) ohne triftigen Grund nicht zurück, fordere ihn schriftlich mit Fristsetzung auf. Hilft das nicht, wende dich an einen Mieterverein oder Anwalt. Deine Ansprüche verjähren erst nach drei Jahren – du hast also Zeit, dein Recht durchzusetzen.

Was tun, wenn nach dem Einzug ein Mangel auftaucht?

Melde den Mangel sofort schriftlich beim Vermieter (zum Beispiel per E-Mail) und setze eine angemessene Frist zur Behebung. Halte den Zustand mit Fotos fest. Bei erheblichen Mängeln kann sogar eine Mietminderung infrage kommen – kläre das aber vorher mit einem Mieterverein oder Anwalt, statt einfach weniger zu überweisen.

Darf ich in der Mietwohnung Wände streichen oder bohren?

Ja, normales Wohnen ist erlaubt – dazu gehört auch, Bilder aufzuhängen oder Wände farbig zu streichen. Beim Auszug musst du aber meist einen neutralen Zustand wiederherstellen.

Muss ich beim Auszug renovieren?

Das hängt vom Mietvertrag und vom Zustand bei Einzug ab. Starre Renovierungsfristen sind unwirksam und wer eine unrenovierte Wohnung übernommen hat, muss sie in der Regel nicht frisch gestrichen zurückgeben. Hier lohnt sich vor dem Auszug ein Blick in den Vertrag oder eine kurze Beratung beim Mieterverein.

Darf der Vermieter die Miete einfach erhöhen?

Nein, nicht beliebig. Bei einem normalen Mietvertrag darf die Miete bis zur ortsüblichen Vergleichsmiete steigen, dabei gelten Fristen und Kappungsgrenzen. Bei einem Index- oder Staffelmietvertrag richtet sich die Erhöhung nach dem Vertrag. Eine Mieterhöhung muss immer begründet und in Textform angekündigt werden – du musst keiner Forderung sofort zustimmen.

Was, wenn ich bei einem Streit nicht weiterkomme?

Lasse dich beraten. Es gibt für diesen Fall beispielsweise Mietervereine und Anwälte, die Mieter für Streitfälle mit ihrem Vermieter rechtlich beraten.

Lohnt sich eine Mitgliedschaft im Mieterverein?

Für die meisten Mieter ja. Der Jahresbeitrag ist relativ gering, und du bekommst Rechtsberatung, geprüfte Abrechnungen und Hilfe im Streitfall. Schon eine einzige geklärte Frage kann den Beitrag wieder hereinholen.

Wie kündige ich meine Wohnung richtig?

Die Kündigung muss schriftlich und handschriftlich unterschrieben erfolgen – eine E-Mail genügt nicht. Für Mieter gilt fast immer eine Frist von drei Monaten. Schick die Kündigung am besten per Einschreiben mit Rückschein und bitte um eine schriftliche Bestätigung. Achte auf einen vereinbarten Kündigungsverzicht – in dieser Zeit ist eine ordentliche Kündigung nicht möglich.

Zum Schluss

Du hast es bis hierher geschafft – das allein zeigt, dass du die Wohnungssuche ernst nimmst und bereit bist, dich vorzubereiten. Genau das ist der wichtigste Schritt. Die meisten Interessenten machen sich diese Mühe nicht. Du hebst dich also schon ab, bevor du die erste Nachricht geschrieben hast und erhöhst damit die Chancen beim Finden deines neuen Zuhauses.

Fasse ich alles in einem Satz zusammen, lautet er: Versetz dich in den Vermieter. Er sucht jemanden, der zuverlässig zahlt, die Wohnung pflegt und mit dem das Miteinander funktioniert. Wenn du in jeder Phase – vom Anschreiben über die Besichtigung bis zum Mietvertrag – zeigst, dass du genau dieser Mensch bist, wirst du bei deiner Wohnungssuche Erfolg haben. Vielleicht nicht bei der ersten Wohnung, aber mit Sicherheit.

Lass dich von Absagen nicht entmutigen, bleib freundlich, bleib dran – und vergiss bei aller Strategie nicht, du selbst zu sein. Ich drücke dir fest die Daumen, dass du schon bald die Nachricht bekommst, auf die du so lange gewartet hast: deine Zusage.

Herzlich willkommen in deinem neuen Zuhause.

Sandra Maria Müller

Anhang: Checklisten zum Abhaken

Die folgenden Checklisten fassen die wichtigsten Punkte aus dem Buch zusammen. Kopiere sie dir oder hake sie direkt ab – so behältst du bei deiner Wohnungssuche den Überblick.

Checkliste: Die Suche vorbereiten

Größe und Grundriss

❒ Welche / Wie viel Zimmer brauche ich?

____ Wohn- und Esszimmer

____ Küche als separater Raum

____ Schlafzimmer

____ Kinderzimmer

____ Büro / Home-Office-Zimmer

____ Gästezimmer

____ Zimmer für Hobbies

____ Bad

____ Sonstiges (z.B. Ankleidezimmer, Gäste-WC, Abstellraum, Hauswirtschaftsraum, etc.)

❒ Welche Wohnfläche (m^2) stelle ich mir vor?

❒ Maße der eigenen Möbel geprüft?

Ausstattung

❒ KFZ-Stellplatz: Garage, Tiefgaragenstellplatz, Carport, Außenstellplatz? Ladeinfrastruktur für Elektroauto?

❒ Haustiere erlaubt? Besondere bauliche Voraussetzungen gegeben oder erlaubt (z.B. Katzenklappe)

❒ Ausstattung Bad: z.B. Badewanne, Fenster, Bidet Waschmaschinenanschluss

❒ Gäste-WC

❒ Hauswirtschaftsraum

❒ Küche: vorhanden, mitnehmen oder neu kaufen?

❒ Außenbereich: Garten, Terrasse oder Balkon?

❒ Keller: eigenes Kellerabteil, Fahrradkeller, Waschraum, etc.

❒ Heizungsart: Zentralheizung, Fußbodenheizung, Kachelofen, etc.

❒ Fenster: Rollläden, Schallschutz, Vorhänge

❒ Möblierte Wohnung?

❒ technische Ausstattung: Glasfaser, LAN-Anschlüsse in den Zimmern, Smart-Home-Steuerung, TV-Anschluss

❒ Barrierefreiheit, Lage im Erdgeschoss oder Aufzug vorhanden?

Lage

❒ Entfernung zur Arbeit

❒ Welche Schule, Kindergarten oder Kita ist in der Nähe?

❒ Einkaufsmöglichkeiten im näheren Umkreis?

❒ medizinische Infrastruktur vorhanden? (Ärzte, Apotheken, Krankenhaus)

❒ Freizeiteinrichtungen (Parkanlage, Schwimmbad, Sportvereine, Fitnessstudio, etc.)

❒ Gute Anbindung an öffentliche Verkehrsmittel?

❒ Lärmquellen vorhanden? z.B. Hauptstraße, Bahngleise

❒ Informationen über die Gemeinde oder den Stadtteil eingeholt?

Budget

❒ Einnahmen und Ausgaben geprüft? Wie viel Warmmiete kann ich mir leisten? (Faustregel: höchstens ein Drittel des Nettoeinkommens)

❐ Unterscheidung zwischen Warmmiete und Kaltmiete verstanden und berücksichtigt?

❐ Einmalige Kosten eingeplant: Kaution (bis zu 3 Kaltmieten) und ggf. Küchen-/Möbelablöse?

❐ Strom, Internet und Rundfunkbeitrag sind in der Warmmiete nicht enthalten – berücksichtigt?

❐ Muss-Kriterien und Wunsch-Kriterien getrennt?

Checkliste: Das Anschreiben

❐ Anzeige vollständig und genau gelesen?

❐ Vermieter mit Namen angesprochen (Name kontrolliert)?

❐ Kurz vorgestellt: vollständiger Name, Anzahl Personen, ggf. Alter, Beruf, Hobbies, Haustiere?

❐ Guter Grund für den Umzug genannt (kein Jammern)?

❐ Kontaktdaten inkl. Telefonnummer und Erreichbarkeit angegeben?

❐ Um Besichtigungstermin gebeten und Verfügbarkeit für Termine genannt?

❐ Offene Fragen angesprochen und geprüft, dass diese nicht in der Anzeige beantwortet wurden?

❒ Auf die konkrete Anzeige eingegangen (nicht nur kopiert)?

❒ Form und Formulierung: Ganze Sätze, Rechtschreibung und Grammatik geprüft?

❒ Alles in einer Nachricht?

❒ Nachricht vor dem Senden nochmal gelesen und geprüft?

❒ Seriöses WhatsApp-/Messenger-Profilbild eingestellt?

Checkliste: Unterlagen vorbereiten

❒ Übersichtsblatt mit Foto und kurzer Vorstellung (Bewerbungsmappe)

❒ Mieterselbstauskunft

❒ Personalausweis

❒ SCHUFA-Auskunft

❒ Arbeitsvertrag

❒ Gehalts-/Einkommensnachweis

❒ Bescheinigung über Mietschuldenfreiheit

❒ polizeiliches Führungszeugnis

❒ Nachweis über Haftpflichtversicherung

❒ ggf. Wohnberechtigungsschein

❒ Unterlagen ordentlich in einer Mappe – NICHT auf einem USB-Stick!

Checkliste: Der Besichtigungstermin

❒ Besichtigungstermin schriftlich bestätigt?

❒ Name des Vermieters nochmal angeschaut?

❒ Bisherigen Nachrichtenverlauf nochmal gelesen?

❒ Treffpunkt vorab geklärt?

❒ Anfahrt und Parken geprüft, Puffer eingeplant (Pünktlichkeit!)?

❒ Ordentliches, gepflegtes Outfit, saubere Socken?

❒ Freundlich und mit vollem Namen vorgestellt, alle begrüßt?

❒ Sinnvolle Fragen vorbereitet (nicht das, was schon im Inserat steht)?

❒ Vorbereitet, was du bei der Wohnung prüfen willst?

❒ Strategie, um bei Sammelterminen ins Gespräch zu kommen vorbereitet?

❒ Einzugstermin und eigene Flexibilität angesprochen?

❒ Unterlagen dabei? (als Kopie, in Bewerbungsmappe)

❒ Am Ende geklärt: Wer meldet sich wann bei wem?

Checkliste: Besonderheiten beim Haus mieten

❒ Welche Nebenkosten zahle ich direkt an Versorger (Strom, Gas/Öl, Wasser, Müll)?

❒ Wie hoch waren die Verbrauchskosten der letzten Jahre (nachfragen)?

❒ Heizungsart geklärt? Muss ich z. B. Heizöl selbst kaufen?

❒ Energieausweis angesehen?

❒ Wer pflegt Garten und Hecke, wer räumt Schnee – und mit welchem Aufwand?

❒ Wird die Grundsteuer umgelegt? In welcher Höhe?

❒ Budget großzügiger kalkuliert als bei einer Wohnung?

Checkliste: Mietvertrag prüfen

❒ Sind die Höhe von Kaltmiete, Nebenkostenvorauszahlung und Kaution wie vereinbart?

❒ Art des Vertrags (Standard, Index, Staffel) verstanden?

❒ Befristete oder unbefristete Mietdauer?

❒ Kündigungsfrist und ggf. Kündigungsverzicht geprüft?

❒ Kleinreparaturklausel mit Höchstgrenzen vorhanden und zulässig?

❒ Schönheitsreparaturen-Klausel geprüft (keine starren Fristen)?

❒ Was gehört zur Wohnung (Keller, Stellplatz, Garten)?

❒ Haustiere, Untervermietung – ist alles wie besprochen geregelt?

❒ Gibt es Zusatzvereinbarungen?

❒ Im Zweifel vom Mieterverein prüfen lassen, nichts unter Druck unterschreiben.

Checkliste: Übergabe und Umzug

❒ Alte Wohnung fristgerecht gekündigt (schriftlich)?

❒ Helfer oder Umzugsunternehmen organisiert?

❒ Urlaub eingeplant?

❒ Umzugskartons besorgt und beschriftet?

❒ Strom, Gas, Internet an-/umgemeldet?

❒ Nachsendeauftrag eingerichtet?

❒ Sperrmüll / Halteverbotszone bei Bedarf beantragt?

❒ Zählerstände abgelesen (mit Foto)?

❒ Zustand der Wohnung im Übergabeprotokoll festgehalten?

❒ Anzahl der übergebenen Schlüssel dokumentiert (im Übergabeprotokoll)?

❒ Beim Einwohnermeldeamt umgemeldet? (Wohnungsgeberbestätigung vom Vermieter erhalten?)

❒ Neue Adresse an Bank, Arbeitgeber, Versicherungen, Abos, etc. gemeldet?

Abkürzungen und Begriffe erklärt

In diesem Buch und rund um die Wohnungssuche begegnen dir immer wieder Fachbegriffe und Abkürzungen. Hier findest du sie kurz und verständlich erklärt – alphabetisch geordnet.

Ablöse – Einmalige Zahlung an den vorherigen Mieter oder Vermieter für die Übernahme von Einrichtungsgegenständen wie einer Einbauküche oder Möbeln. Der Preis sollte fair und realistisch sein, hierzu kann der Zeitwert herangezogen werden.

Abschlag – Monatliche Vorauszahlung an einen Versorger (Strom, Gas, Heizung), die auf dem geschätzten Jahresverbrauch beruht und einmal jährlich abgerechnet wird.

Auskunftei – Unternehmen, das Daten zur Zahlungszuverlässigkeit sammelt (z. B. SCHUFA, CRIF, Creditreform) und daraus eine Bonitätsbewertung erstellt.

BAföG – Staatliche finanzielle Unterstützung für Schüler und Studierende.

Bestellerprinzip – Regel bei Mietwohnungen in Hinblick auf Immobilienmakler: Wer den Makler beauftragt, zahlt ihn – das ist fast immer der Vermieter, nicht der Mieter.

Betriebskosten – Laufende Kosten rund um Haus und Wohnung, die der Vermieter auf den Mieter umlegen darf; gesetzlich in der Betriebskostenverordnung geregelt. Siehe auch: Nebenkosten.

BetrKV – Betriebskostenverordnung – die Verordnung, die festlegt, welche Nebenkosten ein Vermieter überhaupt auf den Mieter umlegen darf.

BGB – Bürgerliches Gesetzbuch – das zentrale deutsche Gesetz, in dem auch das Mietrecht geregelt ist.

Bonität – Die Kreditwürdigkeit, also die Einschätzung, wie zuverlässig jemand seine Zahlungen leistet. Wird oft über eine SCHUFA-Auskunft nachgewiesen.

Bruttokaltmiete – Kaltmiete plus die kalten Nebenkosten (also ohne Heizung und Warmwasser).

Bürgergeld – Staatliche Grundsicherung für Arbeitsuchende. Wird zukünftig in „neue Grundsicherung" umbenannt (Geldleistung: „Grundsicherungsgeld"). Rechtsgrundlage bleibt das SGB II.

Bürgschaft – Eine dritte Person (z.B. ein Elternteil) verpflichtet sich, für die Miete einzustehen, falls der Mieter sie nicht zahlen kann.

Eigenbedarf – Grund, mit dem ein Vermieter kündigen kann, wenn er die Wohnung für sich selbst oder nahe Angehörige benötigt.

Einbauküche – Fest in der Wohnung eingebaute Küche, die zur Wohnung gehört. Für die Übernahme wird manchmal eine Ablöse verlangt.

Energieausweis – Dokument, das den Energiebedarf bzw. -verbrauch eines Gebäudes zeigt. Muss spätestens bei der Besichtigung vorgelegt werden und kann helfen die Heizkosten einzuschätzen.

Genossenschaftswohnung – Wohnung einer Wohnungsbaugenossenschaft. Man wird Mitglied, zahlt Genossenschaftsanteile und wohnt dann oft günstig und mit besonders hoher Mietersicherheit.

Haftpflichtversicherung – Private Haftpflicht; zahlt, wenn man anderen versehentlich einen Schaden zufügt – für Mieter sehr empfehlenswert, teilweise von Vermietern auch vorausgesetzt.

Hausordnung – Regeln für das Zusammenleben im Haus (z. B. Ruhezeiten, Reinigung, Müll). Ist sie Teil des Mietvertrags, ist sie verbindlich.

Hausratversicherung – Versichert das eigene Hab und Gut in der Wohnung gegen Feuer, Einbruch und Wasserschäden.

Indexmiete – Mietvertrag, bei dem sich die Miete an der allgemeinen Preisentwicklung (Verbraucherpreisindex) orientiert.

Jobcenter – Behörde, die unter anderem das Bürgergeld auszahlt und die Kosten der Unterkunft (Miete) übernehmen kann.

Kaltmiete – Auch Nettokaltmiete. Das reine Entgelt für die Wohnung, ohne jegliche Nebenkosten.

Kappungsgrenze – Obergrenze, um die eine Bestandsmiete innerhalb von drei Jahren steigen darf (in der Regel 20 %, in angespannten Lagen 15 %).

Kaution – Geldbetrag (höchstens drei Nettokaltmieten), den der Mieter zu Beginn als Sicherheit hinterlegt und nach dem Auszug zurückerhält, sofern keine Forderungen offen sind.

KdU – **Kosten der Unterkunft und Heizung** – so heißt die Miete in der Sprache des Jobcenters.

Kleinreparaturklausel – Vertragsklausel, die den Mieter an den Kosten kleiner Reparaturen beteiligt.

Kündigungsverzicht – Vereinbarung, dass Mieter und Vermieter für eine bestimmte Zeit (höchstens vier Jahre) nicht ordentlich kündigen. Auch Kündigungsausschluss genannt.

Loggia – Nach außen offener, aber ins Gebäude eingerückter Raum – anders als ein Balkon ragt sie nicht aus der Fassade heraus.

Makler (Immobilienmakler)– Vermittelt Wohnungen zwischen Vermieter und Mieter. Bei Mietwohnungen zahlt die Provision in der Regel der Auftraggeber – meist der Vermieter, wenn dieser den Makler beauftragt hat.

Mieterhöhung – Anhebung der Miete. Muss begründet und in Textform angekündigt werden; es gelten Fristen und Grenzen.

Mieterselbstauskunft – Formular, mit dem der Interessent dem Vermieter wichtige Angaben zu seiner Person, seinem Beruf und seinem Einkommen macht.

Mieterverein – Verein, der Mietern gegen einen relativ kleinen Jahresbeitrag Rechtsberatung und Hilfe (z. B. bei Abrechnungen oder Streit mit dem Vermieter) bietet.

Mietminderung – Recht, die Miete bei erheblichen Mängeln zu kürzen – Höhe je nach Einzelfall; am besten vorher rechtlich beraten lassen.

Mietpreisbremse – Regelung in angespannten Wohnlagen: Bei Neuvermietung darf die Miete höchstens 10 % über der ortsüblichen Vergleichsmiete liegen (mit Ausnahmen).

Mietschuldenfreiheitsbescheinigung – Bestätigung des bisherigen Vermieters, dass keine Mietschulden offen sind und die bisherige Miete immer pünktlich und zuverlässig bezahlt wurde.

Mietspiegel – Übersicht der ortsüblichen Vergleichsmieten einer Stadt; hilft einzuschätzen, ob eine geforderte Miete angemessen ist.

Modernisierung – Wertsteigernde oder energiesparende Verbesserung der Wohnung. Anders als eine Reparatur kann sie unter Umständen zu einer Mieterhöhung führen.

Nachmieter – Person, die nach dem Auszug des bisherigen Mieters in dieselbe Wohnung einzieht.

Nebenkosten – Laufende Kosten rund um Haus und Wohnung (z. B. Wasser, Müll, Heizung, Hausreinigung), die der Vermieter auf den Mieter umlegen darf. Setzen sich zusammen aus Betriebskosten und Heizkosten.

Nebenkostenabrechnung – Jährliche Abrechnung, die zeigt, ob der Mieter mit seinen Vorauszahlungen zu viel oder zu wenig gezahlt hat und folglich eine Rückzahlung des Vermieters oder eine Nachzahlung des Mieters ansteht. Muss innerhalb von zwölf Monaten vom Vermieter erstellt werden.

Ortsübliche Vergleichsmiete – Das übliche Mietniveau für vergleichbare Wohnungen am Ort; Maßstab u. a. für Mieterhöhungen und die Mietpreisbremse.

Rundfunkbeitrag – Pflichtbeitrag pro Wohnung für die öffentlich-rechtlichen Sender (früher „GEZ“).

SCHUFA – Auskunftei, die Daten zur Zahlungszuverlässigkeit (Bonität) sammelt. Eine SCHUFA-Auskunft wird oft als Nachweis verlangt.

Schönheitsreparaturen – Arbeiten wie Streichen und Tapezieren. Können dem Mieter übertragen werden, aber nur unter bestimmten Bedingungen.

Score – Zahlenwert einer Auskunftei (z. B. SCHUFA), der ausdrücken soll, wie wahrscheinlich jemand seine Rechnungen pünktlich zahlt. Beim Score-System der SCHUFA gilt: Je höher, desto besser.

SGB II – **Zweites Sozialgesetzbuch** – die rechtliche Grundlage für Bürgergeld bzw. die neue Grundsicherung und die Übernahme der Mietkosten.

Sozialwohnung – Öffentlich geförderte Wohnung mit günstiger Miete, die nur an Personen mit Wohnberechtigungsschein (WBS) vergeben werden darf.

Staffelmiete – Mietvertrag, bei dem die künftigen Mieterhöhungen schon bei Vertragsschluss als feste Beträge festgelegt sind.

Untermietvertrag – Vertrag, bei dem ein Hauptmieter einen Teil der Wohnung (z. B. ein Zimmer) an eine weitere Person weitervermietet.

Verbraucherpreisindex (VPI) – Maß für die allgemeine Preisentwicklung in Deutschland; Grundlage für die Indexmiete.

Vorauszahlung – Monatlich im Voraus gezahlter Betrag für die Nebenkosten, über den der Vermieter einmal jährlich abrechnet.

Warmmiete – Auch Bruttomiete. Kaltmiete plus umlagefähige Nebenkosten – der Betrag, den der Mieter monatlich zahlt. Strom, Internet und Rundfunkbeitrag sind meist nicht enthalten.

WBS – Wohnberechtigungsschein – amtliche Bescheinigung, die man braucht, um eine Sozialwohnung mieten zu dürfen. Wird abhängig vom Einkommen erteilt.

WG – Wohngemeinschaft – mehrere Personen teilen sich eine Wohnung.

Wohnfläche – Die anrechenbare Fläche aller Räume einer Wohnung; bestimmte Flächen wie Balkone oder Bereiche unter Dachschrägen zählen nur anteilig.

Wohnungsbaugenossenschaft – Zusammenschluss, der Wohnungen besitzt und nur an seine Mitglieder vermietet – oft günstig und sehr sicher. Erfordert Mitgliedschaft und Anteile.

Wohnungsgeberbestätigung – Bescheinigung des Vermieters über den Einzug; sie wird für die Ummeldung beim Einwohnermeldeamt benötigt.

Zeitmietvertrag – Befristeter Mietvertrag mit festem Enddatum, nur mit gesetzlichem Grund zulässig.

Zeitwert – Der aktuelle Wert eines Gegenstands unter Berücksichtigung von Alter und Abnutzung – wichtig zum Beispiel bei der Küchenablöse.

Übergabeprotokoll – Schriftliche Dokumentation des Wohnungszustands bei Ein- und Auszug; schützt vor Streit über Schäden beim Auszug.

Über die Autorin

Sandra Maria Müller stammt aus dem Allgäu und beschäftigt sich seit über zehn Jahren mit dem Wohnungsmarkt – aus verschiedenen Blickwinkeln. Als Vermieterin mehrerer eigener Wohnungen und als Immobilienmaklerin hat sie unzählige Bewerbungen gelesen, Besichtigungen durchgeführt und Mieter ausgewählt. Als Suchende kennt sie zugleich den Druck eines angespannten Wohnungsmarkts. Aus dieser langjährigen Praxis ist dieses Buch entstanden – kein angelesenes Halbwissen und keine künstlich erzeugten Texte, sondern ein praxisnaher Begleiter, der dir hilft, beim Vermieter zu überzeugen und endlich die passende Wohnung zu finden.